赵传羽
刘中全 著

平台企业基于购买行为的价格歧视

理论与实验

The Behavior-based
Price Discrimination
of Platform
Economic Theory
and Experiment

上海三联书店

序言一

数字经济是继农业经济、工业经济之后的主要经济形态。它是以数据资源为关键要素,以现代信息网络为主要载体,以信息通信技术融合应用、全要素数字化转型为重要推动力,促进公平与效率更加统一的新经济形态。数字经济发展速度之快、辐射范围之广、影响程度之深前所未有,正推动生产方式、生活方式和治理方式深刻变革。据中国信息通信研究院测算,2022 年,我国数字经济规模达到 50.2 万亿元,同比名义增长 10.3%,已连续 11 年显著高于同期 GDP 名义增速,数字经济占GDP 比重达到 41.5%,这一比重相当于第二产业占国民经济的比重。

平台企业是数字经济时代重要的市场主体。随着数字技术在经济社会各领域的深度渗透,在电子商务、网络出行、文化娱乐、社交服务等领域,一大批平台企业迅速崛起,不断重塑传统产业、创新商业模式,引领全球产业发展和科技发展新趋势。未来,平台经济将会延伸至更多的经济领域,推动数字技术与传统产业的深度融合,实现消费互联网向产业互联网的迈进,平台企业"创造性破坏"的发展范式将为经济发展带来新机遇,推动资源配置效率、产业组织模式等"帕累托改进"。

定价问题是平台企业竞争的核心问题,也是社会关注的热点问题。由于网络外部性的存在,平台企业必须保持"关键多数"用户量才能充分发挥网络外部性的正反馈机制以保障其成功运营,这导致平台企业有强烈的动机去吸引更多的用户接入进而获取更高的市场份额,而价格竞争则是其吸引用户的有效手段之一。同时,由于网络外部性的存在以及平台自身商业模式的特征,导致平台企业的定价行为与传统产业组织的定价行为存在很大区别,如其独特的倾斜式定价、"杀熟"定价等行为。

本书以平台企业价格歧视行为为对象进行研究,具有一定的理论与实践价值。一方面,能够从平台企业"杀熟"定价现象中提炼出平台企业基于购买行为的价格歧视这一经济学问题,通过构建不完全信息动态博弈模型,对该问题进行理论分析。另一方面,能够创新研究方法,利用可控实验室实验对理论研究结果进行检验,弥补了现有对平台企业定价问题研究多理论分析、少实证检验的不足。

本研究具有一定学术价值,但经济学界对于数字经济、平台经济的研究仍方兴未艾。展望未来,我国在数字经济、平台经济发展中具有得天独厚的比较优势与巨大的发展潜力,在构建中国特色经济学理论体系过程中,有必要从我国数字经济、平台经济发展实践中汲取更多养分,形成有中国特色的数字经济、平台经济理论体系。对这一宏大命题,仍需要更多经济学者投身其中!

宁波大学商学院特聘院长

2023 年 5 月

序言二

　　平台企业是数字经济时代稳定经济发展的重要力量。平台企业能够引领消费增长、推动产业融合发展和效率提高、加快数字技术创新、促进高效率就业、拓展"走出去"发展空间,并对产业链强链、固链、接链、补链有着积极意义。2022年底召开的中央经济工作会议指出"支持平台企业在引领发展、创造就业、国际竞争中大显身手",2023年4月28日召开的中共中央政治局会议指出"推动平台企业规范健康发展,鼓励头部企业探索创新"。这体现了中央对平台企业价值的高度重视,也将推动平台企业迎来新的发展机遇。

　　学术界对平台企业的研究方兴未艾。作为一种新兴的产业组织形式,平台企业有其自身经济规律、产业特征。自2002年起,梯若尔、阿姆斯特朗、埃文斯等学者相继提出了双边市场理论来解释该产业组织形式,近年来也有大量学者对其展开研究,但平台企业类型多样、行为方式复杂,对其经济学研究仍有待完善。同时,随着平台企业的蓬勃兴起,需要不断完善现有制度安排以保障平台经济健康有序发展,而制度的完善需建立在对平台企业运行规律和特征深入研究的基础上,这将是一个循序渐进的过程。

　　价格歧视问题是平台企业备受关注的热点问题之一。2000年,亚马逊公司对其新老顾客进行"差别定价"实验,自此引发社会对"杀熟"定价行为的关注。随着大数据、算法技术的发展,借助大数据和个人信息的价格歧视(例如"杀熟")逐渐成为平台企业定价行为的一部分,网约车、网络购物、在线旅游等行业平台企业进行"杀熟"的相关报道更时常见诸报端。2021 年 2 月 7 日,《国务院反垄断委员会关于平台经济领域的反垄断指南》印发,对平台企业"杀熟"行为进行了规定,又一次将"杀熟"定价现象拉入公众视野。

从经济学角度来看,平台企业"杀熟"定价现象是平台企业基于购买行为进行价格歧视的一种具体表现。本书以平台企业基于购买行为的价格歧视为主题,遵循"用理论模型分析经济现象、用实验数据检验理论结果"的逻辑,从理论与实验两方面对平台企业基于用户购买行为的价格歧视展开研究。该研究将不同类型网络外部性、消费者偏好异质性、价格承诺等因素纳入统一分析框架,更全面地刻画网络外部性对平台企业价格歧视策略的影响,丰富了平台企业价格竞争行为的研究文献。同时,利用可控实验室实验获取定价数据进而对理论分析主要机制进行实证检验,弥补了现有对平台企业价格歧视行为研究多理论分析、少实证检验的不足。

该著作中部分章节已在《世界经济》《社会科学战线》等期刊发表,并被《人大复印资料》全文转载,这也说明这部著作的研究水平已经得到了"市场"的检验和肯定,是值得一读的优秀著作。

浙江大学区域协调发展研究中心副主任

浙江大学中国西部发展研究院常务副院长

2023 年 5 月

目　录

图表目录

第一章　绪　论

第一节　研究背景

随着第四次工业革命深入发展,互联网在全球经济社会发展中正扮演越来越重要的角色。与此同时,数字经济正成为引领我国经济发展的新增长点,也成为影响中国经济发展趋势的关键权重。

一、数字经济成为经济新增长点

数字经济正成为驱动全球经济发展的重要力量。数字经济是继农业经济、工业经济之后的主要经济形态,是以数据资源为关键要素,以现代信息网络为主要载体,以信息通信技术融合应用、全要素数字化转型为重要推动力,促进公平与效率更加统一的新经济形态①。数字经济发展速度之快、辐射范围之广、影响程度之深前所未有,正推动生产方式、生活方式和治理方式深刻变革,成为重组全球要素资源、重塑全球经济结构、改变全球竞争格局的关键力量。根据中国信息通信研究院测算②,2021年,包含中国、美国、日本、德国等在内的47个国家数字经济增加值规模为38.1万亿美元,同比名义增长15.6%,占GDP比重达到45%。其中,发达国家数字经济规模达到27.6万亿美元,占47个国

① 《国务院关于印发"十四五"数字经济发展规划的通知》(国发〔2021〕29号)。
② 中国信息通信研究院:《全球数字经济白皮书(2022年)》。

家总量的 72%。从占比看,发达国家数字经济占 GDP 比重为 55.7%,远超发展中国家 29.8%的水平。从增速看,发展中国家数字经济同比名义增长 22.3%,高于同期发达国家数字经济增速 9.1 个百分点。从规模看,美国数字经济蝉联世界第一,规模达 15.3 万亿美元。从占比看,德国、英国、美国数字经济占 GDP 比重均超过 65%。

近年来,中国数字经济展现强劲增长势头。中国信息通信研究院(2019)研究显示:2002 年我国数字经济规模仅为 1.2 万亿元,占 GDP 比重为 10.3%;2018 年,我国数字经济规模达到 31.3 万亿元,占 GDP 比重为 34.8%,且 2018 年数字经济对 GDP 增长贡献率达到 67.9%,成为带动我国国民经济发展的核心关键力量(图 1-1)。

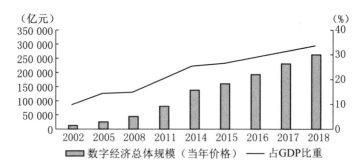

图 1-1　我国数字经济历年发展情况示意图(2002—2018)
数据来源:中国信息通信研究院(2019)。

数字技术可以提升经济效率,进而释放出巨大的经济增长潜力(Goldfarb & Tucker, 2019)。在新冠疫情时期,数字经济展示出独特优势,在疫情对传统企业生产和线下消费产生显著冲击的情况下,网上购物、在线教育、在线医疗、在线娱乐、远程办公、远程授课等一系列线上需求呈井喷式增长,制造业智能化、工业物联网等领域新技术、新模式、新业态大量涌现,推动数字技术与实体经济实现深度融合。后疫情时代,数字经济已经渗透到人们生活的各个方面,成为"新常态"下经济增长的主要动力(Chen, 2020)。

二、平台经济成为经济发展新动力

平台经济是数字经济的主要表现形式,平台企业是数字经济时代的重要产业组织形式(阿里研究院,2017)。从经济学角度来看,平台是一种交易空间或场所,可以存在于现实世界,也可以存在于虚拟网络空间,该空间引导或促成双方或多方客户之间的交易,并且通过收取相应的费用而努力吸引交易各方使用该空间或场所,最终追求收益最大化(徐晋和张祥建,2006)。平台经济则是依托实体交易场所或虚拟交易空间,吸引产业链上下游相关因素加入,并以促成双方或多方之间进行交易或以信息交换为目的的商业模式(吕本富,2018)。

近年来,在电子商务、网络出行、文化娱乐、社交服务等领域,一大批基于互联网、大数据和移动通信技术的平台经济体迅速崛起,不断重塑传统产业、创新商业模式,引领全球产业发展和科技发展新趋势。未来,平台经济将会延伸至更多领域,并向传统经济加速渗透,其"创造性破坏"的发展范式将为各地经济发展带来新机遇(赵昌文,2019)。

当前,平台经济在全球范围内蓬勃发展,平台模式已成为企业生产经营的重要组织方式。统计显示,2009 年以前,全球市值 Top 10 企业中还仅有微软一家平台企业,而 2017 年这一数字升至 7 家,实现对传统企业数量的反超。2018 年全球市值排名前十的上市企业中平台企业市值比重已由 2008 年的 8.2％上升至 77％,规模达到 4.08 万亿美元,较 2008 年规模增长了 22.5 倍,成为全球经济增长的新引擎(中国信息通信研究院,2019)。

与此同时,我国超大型平台企业快速涌现(表 1-1)。这些超大型平台企业,除了市值/估值规模大之外,还具有用户规模大、交易(交互)量大的特点,一般在某个垂直领域占据主导地位或形成独特竞争力,甚至横跨多个领域,形成庞大的平台经济生态圈。据阿里研究院(2017)预计,2030 年中国平台经济规模将突破 100 万亿元。未来随着高端芯片、人工智能、物联网、工业互联网、5G、AR/VR、区块链等技术的发展,平台经济将以更迅猛的速度发展,更深更广地影响和渗透经济社会。

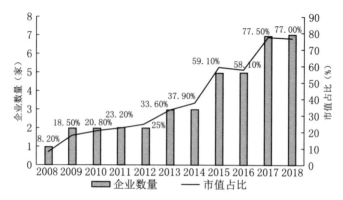

图 1-2　全球市值 Top 10 企业中平台企业的数量与占比

数据来源:中国信息通信研究院、互联网平台治理研究报告(2019 年)。

表 1-1　中国部分互联网平台企业市/估值排名

排名	企业名称	市/估值 (亿美元)	排名	企业名称	市/估值 (亿美元)
1	阿里巴巴	5 788.6	11	小米集团	344.42
2	腾讯	4 949.85	12	拼多多	398.46
3	蚂蚁金服*	1 500	13	好未来	331.47
4	今日头条*	1 000	14	三六零	228.83
5	美团点评	760.16	15	腾讯音乐	222.05
6	滴滴出行*	600	16	菜鸟网络*	200
7	京东	583.92	17	携程	199.3
8	百度	453.6	18	阿里健康	187.12
9	陆金所*	450	19	爱奇艺	179
10	网易	438.94	20	金山办公	160.29

数据来源:媒体资料,数据截至 2020 年 2 月 7 日,其中带 * 平台企业为估值。

平台经济具备生态性、开放性、共赢性、普惠性的特征(阿里研究院和德勤研究,2017)。在平台经济中,平台、消费者、服务商共同构成了"生态圈",平台是整个生态系统的基础,为消费者、商家提供信息、交易、物流等服务。海量的消费者和服务商是平台经济体的主体,通过平台完成信息交换、需求匹配、资金收付、货物交收等经济活动。平台经济的参与者能够互相影响、协同治理、相互合作,进而为创造更大的价值提供可能性。

无论从全国范围还是从不同领域、不同地区来看,平台经济在稳定经济增长、促进产业升级、创造就业机会等方面,都发挥了重要作用。平台经济已经深深地融入工业、零售、交通、物流、能源、金融等诸多领域中。可以预期,伴随着"互联网+"的深入推进,各个行业、各个地区的细分市场垂直平台经济体将会呈现加速发展的态势,为我国经济转型发展赋予全新动能。

从更广泛的视角来看,以平台经济为主要代表形式的数字经济已经成为了社会创新发展和产业升级的新引擎。作为新工业革命背景下组织创新的平台经济,对人类社会生产方式和生活方式的影响是持久、深刻和巨大的。在生产制造领域,以工业互联网为代表的平台经济,通过数字化、网络化、智能化技术极大地提升了传统生产制造过程的质量和效率,促进了智能制造和智能服务的一体化;在零售、出行、物流、金融、能源等领域,各类消费互联网平台更是极大地突破了传统组织模式的既有边界,在产业融合和资源共享中实现了降低成本、提高效率、节约资源等目标。当前,中国正在从以物质生产、物质服务为主的工业经济发展模式向以信息生产、信息服务为主的数字经济发展模式转变。而中国在数字经济、平台经济方面表现出的特有优势,更使得中国在平台经济领域与世界的差距越来越小,甚至在某些方面已经走在世界前列。所以对于中国来说,平台经济既是中国经济提质增效的新变量,也是中国经济转型增长的新动能。

鉴于平台经济的重要作用与巨大价值,自2015年开始,中央出台一系列政策措施促进平台经济健康有序发展。2016年11月国务院办公厅发布《关于推动实体零售创新转型的意见》中明确提出要"大力发展平台经济";2019年《政府工作报告》再次强调"促进平台经济健康成长";2019年7月17日,李克强总理主持召开国务院常务会议,确定要"遵循规律、顺势而为,支持推动平台经济健康发展";2019 年 8 月 1 日,国务院办公厅发布《关于促进平台经济规范健康发展的指导意见》。这些政策文件标志着平台经济健康有序发展不仅是一种理念和倡导,而且有了明确具体的制度和政策安排,为平台经济发展创造了良好的政策环境。

第二节　研究意义

作为一种新兴的产业组织形式,平台经济有其自身经济规律、产业特征,而目前对于平台经济的研究才刚刚起步。2002 年之后,梯若尔(Tirole)、阿姆斯特朗(Armstrong)、埃文斯(Evans)等学者相继提出了双边市场理论来解释该产业的组织形式,近年来也有大量学者对其展开研究,但是由于平台经济包括不同类型的平台,且其行为方式复杂多变,因此对平台经济的经济学分析范式仍有待完善。同时,随着平台经济的蓬勃兴起,也需要不断改进、完善现有制度安排以保障其健康有序发展,而制度的完善需建立在对平台经济规律和特征深入研究的基础上,同时需要社会多元参与、协同推进,这将是一个循序渐进的过程。

一、理论意义

定价问题是平台经济发展的核心问题,也是社会关注的热点问题。由于网络外部性的存在,平台必须保持"关键多数"的用户量才能充分发挥网络外部性的正反馈机制以保障平台的成功运营,由此致使平台有强烈的动机去吸引更多的用户接入进而获取更高的市场份额,而价格竞争则是其吸引用户的有效手段之一。同时由于网络外部性的存在以及平台自身商业模式的特征,导致平台企业的定价行为与传统产业组织的定价行为存在很大区别,如其独特的倾斜式定价、价格补贴等行为,对此,经济学界也进行了大量的研究,对其定价机制及社会福利影响等也都进行了深入的分析(Rochet & Tirole, 2003, 2006;Armstrong，2006，2007；Caillaud & Jullien，2003）。同时，价格歧视也是平台企业经常采用的定价策略，也有学者分别从一级、二级、三级价格歧视的角度对平台企业价格歧视行为进行了研究（Liu & Serfes，2013；Gil & Riera-Crichton，2011；Enrico，2016；Jeon DS et al.，2017；Reisinger，2014；董雪兵等，2020）。

除此之外，还有一类定价现象也引起了社会的广泛关注，这就是平台企业区分其新老用户并对其新老用户进行价格歧视的现象。经济学中，该现象被称为基于用户购买行为的价格歧视（BBPD），由于平台在消费者信息搜集方面具有天然优势，因此该定价策略也被广泛应用于平台企业定价实践之中，如对新客户的首单优惠、对老客户的优惠卡券等，均属于 BBPD 定价策略的范畴。对传统产业组织形式下，企业基于用户购买行为进行价格歧视的定价机制及其对社会福利等的影响，已有大量学者进行了研究（Chen，1997；Taylor，2003；Villas-Boas，1999；Fudenberg & Tirole，2000；Chen & Pearcy，2010）。但在平台经济下，由于网络外部性的存在，平台企业基于用户购买行为的价格歧视策略会如何变化？其最优定价机制将如何改变？对平台利润、社会福利等又有何影响？经济学界关注较少，因此有必要从经济学理论视角对其展开研究。

再者，现有对于平台企业价格歧视问题的研究，多为理论分析，而相应实证研究较少，其原因在于价格是平台企业运营的核心数据，在学术研究中难以获得。对此，实验经济学方法提供了一种选择，利用可控实验室实验研究被试在消费者跨期购买中的定价决策行为，并利用获得的数据对理论预测进行检验（Leibbrandt，2020；Mahmood，2014；Brokesova et al.，2014）。然而在平台企业中，网络外部性的存在对企业决策者的价格歧视行为会产生什么样的影响，尚未有学者关注。

二、实践意义

BBPD 定价策略是近年来被平台企业广为接受的一种定价形式。

自 2000 年亚马逊公司对其新老顾客进行区别定价之后,该定价行为逐渐为各类平台企业所采用。近年来,国内各大电商平台"杀熟"的新闻屡见报端,成为社会关注热点问题。"杀熟"行为就是对平台新老用户进行区别定价的策略,该行为不仅对消费者权益造成了侵害,更对平台企业自身声誉带来负面影响。但平台类型不同,其占优策略选择及对消费者剩余、社会福利的影响也相应变化,对此则鲜有研究。

国务院发布的《关于促进平台经济规范健康发展的指导意见》中也明确提出"维护市场价格秩序,针对互联网领域价格违法行为特点制定监管措施,规范平台和平台内经营者价格标示、价格促销等行为,引导企业合法合规经营"。要制定、完善适用于平台经济的监管措施、监管制度体系,离不开对平台经济自身规律的深入研究,尤其是从经济学角度对平台企业各类定价行为进行深入研究更是不可或缺。目前对平台企业定价行为的研究多从法学视角展开,对平台各类定价行为尤其是其价格歧视行为背后的经济学机理,则关注较少。

同时,考虑到平台经济对经济发展、稳定就业的重要作用,各个地区也都加快了对各类平台企业,包括消费互联网平台、工业互联网平台,全国性互联网平台、区域性互联网平台等的培育力度,希望以此打造数字经济生态圈,进而培育区域经济增长极。由此,加强对平台企业定价行为的研究,不断完善对其定价行为的规制,就成为推动各类互联网平台健康发展、促进经济高质量发展的必然要求。

因此,无论从经济学理论研究层面还是经济实践层面,都有必要对平台企业基于用户购买行为所进行的价格歧视现象进行深入分析,研究不同类型网络外部性对平台价格歧视行为以及社会福利等的影响,从而丰富现有经济学文献对基于用户购买行为价格歧视的理论,也为政府价格规制行为提供理论依据。这就是本书的研究意义所在。

第三节　研究方案

一、研究思路

如前所述,平台是一种交易空间,可以存在于实体场所,也可以存在于虚拟网络空间,而本书研究的平台企业就是依托互联网组织起来的虚拟网络交易空间,通过该交易空间,可以促成平台各方用户间相互交易,以此来实现平台企业利润最大化、用户效用最大化。从经济学角度来看,用户间网络外部性的存在是各类平台企业得以成功的基础,如在抖音、快手等短视频平台以及各类付费社交平台中,并没有严格的用户群体区分,此时用户直接网络外部性起着主导作用,而在如网约车平台、电子商务平台之类的平台中,存在着显著不同的用户群体,此时不同用户群体之间的间接网络外部性起着主导作用。

平台企业的健康运行不仅影响平台企业自身利益,还影响平台经济生态圈中各参与主体的利益,进而影响经济发展质量。定价行为是平台企业面临的核心问题,而价格歧视则是平台企业保持"关键多数"的必然选择,由于平台企业具有获取其用户信息的天然优势,因此基于消费者信息对其新老客户采取相应的差别定价也就成为平台企业蠢蠢欲动的选择。同时,不同的平台企业中,起主导作用的网络外部性不同,对平台企业的价格歧视行为也不尽相同,因此有必要从理论角度对其区分并有针对性地展开研究。此外,由于平台企业定价数据缺失,有必要利用实验经济学方法,依据理论模型假设、博弈推导过程,设计相应的可控实验室实验,研究被试在不同策略下的定价行为,对理论分析的主要结论进行检验。再者,对于平台企业定价行为进行研究的目的在于发现平台企业自身规律,从而为推动平台经济健康发展提供相应的政策建议。

基于此,全文遵循"用理论模型分析经济现象、用实验数据检验理论结果"的逻辑,沿着"问题提出—模型构建—理论分析—实验检验—

政策建议"的思路展开,具体而言,本书写作脉络如下。首先,对平台经济中存在的定价现象如"杀熟"、首单优惠等进行分析,结合相关文献,确定本书研究对象为平台企业基于用户购买行为的价格歧视现象。其次,针对不同类型平台企业的特征,将其区分为直接网络外部性主导的平台、间接网络外部性主导的平台,前者以社交平台、通信企业为代表,后者以各类电商平台等为代表。再次,构建理论模型,分别分析在直接网络外部性主导、间接网络外部性主导的平台企业中,当平台有无价格承诺时,其对新老用户是否存在价格歧视行为,以此来解释平台企业中存在的"杀熟"、首单优惠等定价现象,之后,利用数值模拟的方法,分析了网络外部性变化时,平台的占优策略选择、消费者剩余、企业利润及社会福利等的变化;在此基础上,利用实验经济学方法,严格基于理论分析部分模型假设、博弈过程等设计相应的可控实验室实验,分别研究直接网络外部性主导、间接网络外部性主导的不同情况下被试的定价行为,力求为被试呈现出与理论分析高度一致的实验环境,并以此获得被试定价数据进而对理论分析的主要结论进行检验。最后,对本书结论、不足之处进行总结,对未来研究方向进行展望,并为推动平台经济健康有序发展的问题提出相应政策建议。

二、研究方法

1. 理论分析与实验检验相结合

本书基于弗登伯格和梯若尔(Fudenberg & Tirole,2000)、陈和皮尔西(Chen & Pearcy,2010)所构建的 BBPD 定价行为理论模型,将网络外部性、价格承诺、偏好异质性等引入理论模型,构建两阶段动态博弈,分析平台企业 BBPD 定价行为及其对均衡时平台利润、消费者剩余、社会福利等的影响。在此基础上,利用可控实验室实验,获取被试定价数据,之后利用 Wilcoxon 秩和检验、非参检验等方法进行计量分析,对理论分析结果进行实证检验。具体而言,本书第三章、第四章重在构建平台企业 BBPD 定价行为的理论模型,第五章和第六章则依据相应理论模型,设计可控实验室实验,并利用实验数据对理论模型的结果进行实证检验。

2. 理论分析与数值模拟相结合

本书通过构建两阶段动态博弈来刻画平台企业 BBPD 定价行为,之后利用逆向归纳法求出相应的子博弈精练纳什均衡,在此基础上利用数值模拟法进行比较静态分析。具体而言:第三章分析了在直接网络外部性主导的平台企业中,平台分别选择统一定价、BBPD 且无价格承诺、BBPD 且有价格承诺时的定价机制,并用数值模拟方法分析网络外部性变化对平台利润、消费者剩余、社会福利等的影响;第四章与第三章研究范式相同,但关注于间接网络外部性对 BBPD 定价行为及社会福利等的影响。

3. 文献分析与专家访谈相结合

在研究选题、政策建议等环节,对国内外相关文献、政策文件等进行深入分析,并与该领域专家学者展开深入交流,以最终确定选题并对规范平台企业定价行为提出可行政策建议。

三、研究内容

第一章:绪论。主要介绍研究背景与意义,研究方案,研究重点、难点及创新点等。

第二章:文献综述。分别从网络外部性与平台企业、基于购买行为的价格歧视、实验经济学方法在定价行为研究中的应用等三个方面,对现有文献进行梳理,总结现有文献可能存在的不足,并提出本书研究对象:平台企业(直接网络外部性主导、间接网络外部性主导)BBPD 定价行为。

第三章:直接网络外部性主导的平台企业 BBPD 定价行为:理论分析。基于弗登伯格和梯若尔(Fudenberg & Tirole,2000)、陈和皮尔西(Chen & Pearcy,2010)模型,引入直接网络外部性,通过构建两阶段动态博弈模型,研究竞争平台 BBPD 定价行为及其对市场绩效的影响。根据理论模型所推导出的定价机制,求出均衡时的平台利润、社会福利,并利用数值模拟方法研究网络外部性变化对平台企业占优策略选择、市场绩效的影响。本章研究可以用来解释包括付费社交平台、短视频平台等由直接网络外部性主导的平台企业 BBPD 定价行为。

第四章:间接网络外部性主导的平台企业 BBPD 定价行为:理论分析。与第三章研究方法相同,但关注于间接网络外部性对 BBPD 定价行为及均衡结果的影响。本章研究可以用来解释包括网约车平台、电商平台等由间接网络外部性主导的平台企业 BBPD 定价行为。

第五章:直接网络外部性主导的平台企业 BBPD 定价行为:实验检验。本章在第三章理论研究基础上,设计相应可控实验室实验,对第三章主要理论结果进行检验。本章关注直接网络外部性对被试定价决策行为的影响,首先概述相应实验设计,之后给出符合实验场景的理论预期结果,并根据实验数据对理论结果进行检验。整体来看,本章实验结果有效验证了理论分析的主要结论。

第六章:间接网络外部性主导的平台企业 BBPD 定价行为:实验检验。与第五章研究范式相同,本章在第四章理论研究基础上,设计相应可控实验室实验,对第四章主要理论结果进行检验。本章研究范式与第五章相似,但关注间接网络外部性对被试定价决策行为的影响。整体来看,本章实验结果有效验证了理论分析的主要结论,并且证实了双边市场理论中倾斜式定价倾向的存在性。

第七章:结论与政策建议。本章对全书研究结论进行系统总结,并指出本书研究不足之处,提出未来研究方向;之后,对平台企业价格规制、平台经济健康发展等问题提出相应的政策建议。

四、技术路线图

本书技术路线图如图 1-3 所示。

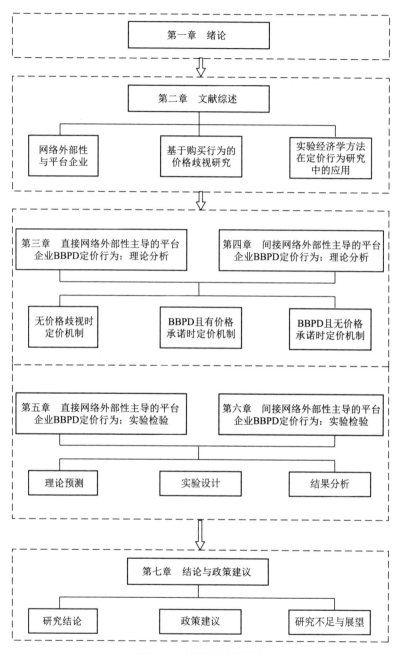

图 1-3　本书技术路线图

第四节　研究重点、难点及创新点

一、研究重点

网络外部性是平台企业存在的基础,不同类型的平台企业中起主导作用的网络外部性并不相同,且平台企业定价过程中可以选择价格承诺与否,由此导致平台企业不同的 BBPD 定价机制及均衡时的市场绩效。由此,本书将对以下问题予以关注:

(1) 不同类型网络外部性对平台企业 BBPD 定价行为及均衡时市场绩效的影响。在诸如付费社交平台、网络游戏平台及部分产业互联网平台中,用户之间的直接网络外部性对平台运营起着决定性作用,而在包括电子商务平台、网约车平台、网络视听平台等在内的平台中,不同类型用户之间的间接网络外部性在平台运营中起着决定性作用。现有文献较少关注这两类网络外部性对企业 BBPD 定价行为的影响,因此,本书试图区分这两类网络外部性并将其纳入同一的理论框架,以更好地解释不同类型平台企业的 BBPD 定价行为。

(2) 平台企业不同策略选择对其 BBPD 定价行为的影响。价格承诺是平台企业常见策略之一,如各类平台中的首单优惠、老客户优惠等,而平台选择价格承诺与否将导致其 BBPD 定价机制的变化,以及其占优策略的变化。现有将网络外部性与平台企业 BBPD 结合的文献中,均未考虑平台企业的价格承诺行为对其占优策略、定价机制的影响。因此,本书将平台企业价格承诺与否作为平台企业的策略选择,研究其对平台企业 BBPD 定价行为的影响。

(3) 对理论研究结果进行实证检验。如前所述,现有对平台企业价格歧视行为的研究多理论分析,少实证检验,因此,本书为验证理论分析结果,采用实验经济学方法,利用可控实验室实验对理论分析结果进行检验。基于理论模型假设、博弈推导过程设计相应实验,既可以获取被试微观定价数据,弥补现有数据难以获得的缺陷,也可以排除不相关因素的干扰,有效诱导出被试在不同实验局设计下的定价行为。这也是本书研究的重点之一。

二、研究难点

无论是模型构建、数值模拟还是实证检验部分,都存在有待解决的难点,具体如下:

(1)如何在模型构建中刻画研究对象的经济学特征。对平台企业而言,其类型众多、模式迥异,因此要从中找出决定其定价行为的经济学基础,这就是网络外部性,并区分直接网络外部性主导、间接网络外部性主导的两类平台企业,以更好地刻画其定价行为;同时,平台企业不同的策略选择对其定价行为也有不同的影响,如在 BBPD 定价中,平台是否进行价格承诺将导致其不同的占优均衡选择。对于平台用户而言,其偏好异质性与转移成本异质性的存在,为平台企业价格歧视提供了基础,同时这两种异质性也有其不同的特征,因此导致不同的平台企业定价机制。如何在模型中更好地刻画这些经济学要素,就成为本书研究的难点。

(2)如何更直观地刻画出网络外部性对平台企业 BBPD 定价行为的影响。由于网络外部性的存在,导致均衡时市场绩效表达式较为复杂,难以利用解析解形式分析网络外部性变化对平台企业占优策略选择及市场绩效的影响,因此,应选择合适的方法对该问题进行研究。

(3)如何保证实验设计的外部有效性。利用可控实验室实验可以有效地解决实证检验中数据缺失的问题,但是也面临着外部有效性的挑战。为此,本书从两个方面加以解决:第一,遵循“用理论模型分析经济现象、用实验数据检验理论结果”的逻辑,严格按照理论分析部分的行为人设定、博弈设定、模型推导、定价策略变化等环节设计相应实验,力求为被试呈现一个更符合理论分析假设的实验场景并以此对理论分析主要结论进行检验;第二,借鉴与价格歧视相关的实验研究文献,尤其是布罗克索娃等(Brokesova et al.,2014)、马哈茂德(Mahmood,2014)、马哈茂德和伏尔坎(Mahmood & Vulkan,2012)等的设计思路,在此基础上根据本书研究内容进行相应改进。

(4) 如何设计简洁可行的可控实验室实验。首先,要设计简洁易懂的实验场景使被试更易于接受,同时要将网络外部性、理性预期等经济学术语进行通俗化解释以使被试能够更好地理解实验设计;其次,由于理论分析部分假设两家平台企业间距离为1,平台用户量也标准化为1,同时网络外部性大小位于区间[0,1]之间,由此导致在理论研究中进行比较静态分析时的量级为 10^{-2},而在实验中,如果要求被试以 10^{-2} 的量级进行定价决策,则不能够有效地测试出被试的价格决策行为,因此在实验过程中需要进行价格量级的转换;再者,本书实验采用实验室可控实验的形式,因此需要利用 Z-tree 软件进行相应的操作,确保程序可靠、稳定是关系本书实验成功的重要环节;最后,在直接网络外部性主导的平台企业 BBPD 定价行为实验中,被试需要在一轮实验中作出三个定价决策,而在间接网络外部性主导的平台企业 BBPD 定价行为实验中,被试则需要在一轮实验中作出六个定价决策,由此如何让被试更准确地辨别不同价格的内涵,更好地作出相应的价格决策,也是本书实验设计要解决的难点之一。

三、可能创新点

为解决本书研究所关注的重点问题与难点问题,本书从以下几个方面进行相应创新:

(1) 研究对象的创新。经济学界早期对具有网络外部性的企业的研究聚焦于软件、通信、交通等行业,主要关注直接网络外部性。随着双边市场理论的提出,部分学者开始将重心转向电商平台、电视、报刊媒体等行业,主要关注间接网络外部性。而随着平台经济的发展,不同类型的平台大量涌现,其中起主导作用的网络外部性也不同,因此本书依据起主导作用的网络外部性的不同,将平台企业进行区分,使研究对象涵盖双边市场、单边市场,并将其纳入统一的理论分析框架之下,以分析不同类型平台的定价行为。

(2)研究视角的创新。对于理论分析部分,现有对平台企业定价机制的研究文献主要集中于平台企业倾斜式定价现象,对平台企业 BBPD 定价行为研究较少,且在仅有的几篇将网络外部性与 BBPD 定价行为结合起来的研究文献中,作者也只考虑了用户存在转移成本异质性且跨期转移成本完全随机、平台企业无价格承诺的情况,而对用户存在偏好异质性且偏好跨期不变、平台企业有价格承诺的情况则没有分析。由此,本书将直接网络外部性、间接网络外部性,平台企业有价格承诺、无价格承诺,及用户偏好跨期不变等情况结合起来,构建其统一的博弈模型,更全面地分析了平台企业 BBPD 定价行为。对实验检验部分,在对企业 BBPD 定价行为进行实验检验的文献中,也均未考虑网络外部性对企业 BBPD 定价行为的影响;现有对网络外部性进行实验验证的文献大多关注验证网络外部性的存在性、网络外部性对消费者行为的影响,对具有网络外部性的企业价格决策行为关注较少。因此,本书利用可控实验室实验检验了网络外部性对 BBPD 定价行为的影响。

(3)研究方法的创新。在理论研究中,需要根据均衡时平台定价机制确定均衡时平台利润、消费者剩余及社会福利,但是由于难以用解析解形式对均衡时市场绩效进行比较静态分析,因此本书利用 MATLAB 软件进行数值模拟分析,以清晰地展示网络外部性变化对平台定价策略及均衡时市场绩效的影响。在实验研究中,为让实验设计更简洁易懂,本书刻画了贴近实际生活的场景以对消费者理性预期、网络外部性等专业术语进行简化,并且利用价格数据量级的转换为被试提供更大的定价区间以充分显示其定价行为的变化。

（4）研究数据的创新。由于平台企业价格数据不易获取，导致现有对平台企业定价行为的研究以理论分析为主，缺少实证检验。因此，为了解决实证研究中数据难以获取的问题、弥补现有文献的不足，本书通过可控实验室实验，将不同类型的网络外部性与 BBPD 定价行为结合起来，获取被试的价格决策数据，并根据这些实验数据对理论模型及其结论进行验证，弥补了现有关于平台企业研究文献的不足。

（5）研究结论的创新。在理论研究中，由于本书模型构建中引入了消费者偏好异质性、企业价格承诺、网络外部性，由此导致本书理论分析结论与现有文献均存在一定差异，如对不同类型平台企业占优策略的选择。在实验检验中，结果支持了本书主要理论的分析结果，如 BBPD 定价行为的存在及其对平台企业间竞争的影响，网络外部性对平台企业间竞争的影响等；同时，还对现有理论研究结果提供了有力的实验数据支撑，如现有对双边市场（间接网络外部性主导）中普遍存在的倾斜式定价现象多为理论分析、现象归纳，缺乏在可控实验室实验下对被试倾斜式定价行为的研究，而本书实验结果就证明了在可控实验室条件下，双边市场中倾斜式定价现象的存在。这些结论有助于丰富对平台企业的研究，并为平台企业价格规制行为提供更好的理论依据。

第二章　文献综述

　　进入数字经济时代,各类平台不断涌现,其中既包括软件开发企业、网络游戏企业、付费社交平台、短视频平台等,也包括电子商务平台、网约车平台、网络视听平台等,还有市场前景更为广阔的各类工业互联网平台。从经济学角度来看,网络外部性是平台企业得以存在的微观基础,决定了平台企业的特征规律;定价问题是平台企业经营决策的核心问题之一,同时,平台企业价格歧视行为也成为社会关注的热点之一;在实证研究中,平台企业定价行为相关数据难以获取也要求转变实证检验思路,利用实验经济学方法对理论模型进行检验。基于此,结合本书研究内容,本章将从网络外部性与平台企业、基于购买行为的价格歧视以及实验经济学在产业组织研究中的应用等三个方面对相关文献进行综述,在此基础上建立本书理论框架并设计可控实验室实验对理论结果进行检验。

第一节　网络外部性与平台企业

一、概念界定

1. 网络外部性

　　外部性是经济学的基本概念。马歇尔(1891)首次提出"内部经济、外部经济"这一概念,在此基础上,庇古(1912)提出"外部不经济"的概念,之后,维纳(Viner,1932)、科斯(Coase,1960)、考恩(Cowen,1988)等人又提出金钱外部性、技术外部性等概念,由此构成较为完整的外部性理论分析框架。

网络外部性与网络相伴而生。网络由互补的节点与链接组成,网络自身的系统性和网络内部组成成分之间的互补性使网络产品具有需求方规模经济的特征,因此存在网络外部性(Economides,1996;黄纯纯,2011)。卡茨和夏皮罗(Katz & Shapiro,1985)对网络外部性进行了明确界定,即"一个代表性消费者从某产品的消费中获得的效用,取决于同一产品其他用户的数量"。与此同时,法雷尔和萨洛纳(Farrell & Saloner,1985)也对此类现象进行研究,并提出直接网络外部性、间接网络外部性的概念。

随着对网络外部性研究的不断深入,研究对象也逐渐从产品本身扩展到各个消费者群体之中,如对直接网络外部性的研究从通信产品扩展到社交网络、网络游戏平台,对间接网络外部性的研究也已经从早期"硬件—软件"范式的互补品分析扩展到双边市场中相互依存的各类型用户群体之间(Caillaud & Jullien,2003;黄纯纯,2011),并由此又提出了双边市场、平台等新概念。

2. 平台企业

在21世纪初,以电子商务企业为代表的平台企业开始引起经济学界广泛关注。2004年在法国图卢兹召开的"双边市场经济学"会议,标志着平台企业及与之相关的双边市场理论的形成(徐晋,2007)。

在经济学理论研究中,早期文献多以双边市场为对象来研究平台企业经济行为,并对平台企业与双边市场不加区别地使用。如罗雪和梯若尔(Rochet & Tirole,2003)从价格结构特征角度提出:对一个平台,若在该平台上实现的交易总量为 D,在每笔交易中平台向购买方收取 α_B、向销售方收取 α_S,且其总价格水平为 $\alpha = \alpha_B + \alpha_S$,如果在 α 保持不变时,D 随着 α_B 或 α_S 而变化,则该市场被认为是双边市场,并由此提出了使用外部性（usage externality）的概念。阿姆斯特朗（Armstrong，2006）从双边市场网络外部性的角度提出：在双边市场中经由平台相互交易的双方，其中一方加入平台获得的收益取决于另一方用户规模，并由此提出了会员外部性（membership externality）的概念。

之后，有学者将平台概念拓展到更为广义的多边市场，并以此来刻画更为多样的平台企业形态。如埃文斯（Evans，2003）、威尔（Weyl，2010）等提出"多边平台"概念，并从其参与者特征方面对平台企业进行定义：（1）不少于两组不同类别的消费者群组；（2）一组用户数量将影响另一组用户数量及交易量，即两类消费者群组之间有交叉网络外部性；（3）中介比双方成员直接建立的双边关系能更有效率地促进双方合作。这三个条件已成为判断是否具备平台性质的一般性依据。

随着对平台企业研究的深入，莱斯曼（Rysman，2009）、艾森曼和哈吉友（Eisenmann & Hagiu，2007）指出"在某些市场中，双边性是一个平台内生选择而非技术结果"，并指出"一个潜在的平台企业必须选择是单边、双边还是多边"，同时"每一边参与者的决定都以外部性的形式影响到另一边参与者的效用"。由此可知，双边市场是平台企业的一种典型形态，但并不是唯一形态，平台企业可以先选择成为单边平台之后再变为双边平台、多边平台，例如，京东在创立之初是一个标准的在线超市，此时所有商品均为京东自营，之后又允许第三方卖家入驻，从而具有了双边性。京东这样做可以解决双边市场获取用户时常见的"鸡生蛋、蛋生鸡"（Caillaud & Jullien，2003）的问题。

由此，本书采用更为广义的平台企业概念，将其界定为依托互联网组织起来的虚拟网络交易空间，通过该交易空间，可以促成平台各方用户间相互交易，以此来实现平台企业利润最大化、用户效用最大化。同时，本书认为平台企业不仅包括双边平台，也包括单边平台和多边平台，并根据不同平台中起主导作用的网络外部性的不同对其分类，进而构建相应理论分析框架。

二、平台企业特征

网络外部性是平台企业的存在基础。不论是单边平台、双边平台还是多边平台,其成功运营都离不开网络外部性(Economides,2004;Rysman,2009;吕本富,2018),无论是使用外部性,还是会员外部性,都属于网络外部性范畴。正是由于接入平台的用户之间存在网络外部性,且存在某种类型的交易需求,才导致平台产生,平台的作用就在于通过弱化信息不对称、节约交易成本和内部化网络外部性,达到改进资源配置的目的。平台用户只有通过网络外部性聚集在平台企业周围才有意义,否则离开彼此都毫无价值(Economides,2004)。用户之间网络外部性以正网络外部性为主,但是也存在负网络外部性的情况,如在依靠广告盈利的媒体平台中,对观众而言,广告为其带来的网络外部性就是负的。然而,平台企业中起主导作用的仍是正网络外部性,否则平台企业将失去存在价值(董雪兵等,2020)。

消费者需求曲线发生变化。传统需求法则认为,随着某产品销售数量的增加,对于最后一单位产品的支付意愿也不断降低,由此导致向下倾斜的需求曲线(吉芬品除外)。然而由于网络外部性的存在,使得当越多的平台企业产品/服务被消费时,对其最后一单位产品/服务的支付意愿反而越高,由此导致其需求曲线部分向上倾斜,这意味着需求法则被违反了(Economides,2004)。这也在一定程度上解释了平台企业研究文献多以消费者效用函数代替其需求函数的现象。

关键多数用户规模关乎平台成败。由于用户间网络外部性的存在,关键多数(critical mass)用户规模是维持平台企业成功运营的关键。关键多数导致平台用户间存在正反馈效应(埃文斯,2016),这将加速平台获取或失去用户的速度。因此,在平台运营中,必须大力吸引用户以尽快达到并长期维持关键多数用户规模。这就导致平台企业对用户竞争更为激烈。

竞争策略更为复杂。基于接入平台企业各类型用户的网络外部性,平台可以根据其获得的用户动态、市场份额对各类型用户收取不同费用,而这就导致平台可以采用较为复杂的定价策略去强化其在竞争中的有利位置(段文奇和柯玲芬,2016;Gomes,2014)。同时,由于网络外部性的存在,用户具有接入多个平台的意愿,从而出现竞争瓶颈,对此,平台企业也在兼容性、排他策略方面具有更多的策略选择(Armstrong,2006)。如软件企业可以根据其软件版本的不同、发布时间的不同而对用户收取不同的费用,并且不同软件之间的兼容性也是软件企业必须考虑的问题;视频游戏平台可以根据其用户忠诚度的不同区分其核心使用者、轻度使用者进而实现价格歧视(李明志等,2010,2012);电子商务网站则可以对买卖双方制定截然不同的定价策略。

市场结果不同。一方面,为了尽快获取关键多数用户,达到成功运营临界点,平台企业必须加快市场渗透步伐,因此,平台企业市场规模呈现 S 型增长(Economides & Himmelberg,1995)。另一方面,网络外部性的存在导致平台用户量增长出现正反馈效用,并由此出现赢者通吃现象,即具有较大用户体量的平台企业对于消费者而言更有价值,这个正向反馈将导致平台企业市场份额继续增长;相反,有较小市场份额的企业,将在正向反馈作用下市场份额变得更小,对此,伊克诺米特和福莱尔(Economides & Flyer,1998)利用数值模拟法进行了详细的刻画。

此外,平台企业还有其他一些特征,如完全垄断对社会福利可能是有利的,自由进入市场并不一定导致完全竞争,强制要求竞争性市场结构可能适得其反,企业决策路径依赖加强等,对此,伊克诺米特(Economides,2004)进行了详细归纳。

三、基于网络外部性的平台企业分类

对于平台的分类,不同学者提出了不同的分类方法,罗森(Roson,

2005)、埃文斯（Evans，2003）、哈吉友（Hagiu，2004）、凯撒和赖特（Kaiser & Wright，2006）、罗雪和梯若尔（Rochet & Tirole，2006）等人从平台所有权、平台功能、平台复杂程度等角度对其进行分类。

在本书中,我们将基于在平台企业中起主导作用的网络外部性的不同对其进行分类。其原因在于:一方面,在不同类型平台中,用户之间的起主导作用的网络外部性不同。例如,对微信、快手、抖音等社交平台,靠用户订阅盈利的期刊、杂志,以及各类软件开发企业、网络游戏企业而言,其用户没有明显的群体之分,且起主导作用的是同类型用户间的直接网络外部性;而在淘宝网等购物平台、滴滴打车等网约车平台中,其用户可以区分为买方与卖方、乘客与车主等具有不同特征的群体,这些群体之间具有明显的依赖性和互补性,缺少其中任何一方用户,该平台都无法运营,因此,其中起主导作用的为不同类型用户之间的间接网络外部性;对于鸿蒙、安卓、苹果等操作系统而言,可以将其视为一个三边平台,即其需要吸引消费者、软件开发商、硬件生产商等三个具有不同特征的用户群体接入。另一方面,尽管对平台不同用户间的网络外部性,不同学者提出不同的定义,如在双边市场文献中,用户间外部性还被称为组间网络外部性、组内网络外部性、交叉网络外部性,但是从其互补性的角度来看,该外部性都属于间接网络外部性范畴,不适用于解释付费社交平台、网络游戏平台等现象,因此利用直接网络外部性、间接网络外部性的概念更能涵盖不同类型平台用户间的网络外部性。

由此,与黄纯纯（2011）相同,本书基于直接网络外部性、间接网络外部性对平台企业分类,将其区分为直接网络外部性主导的平台与间接网络外部性主导的平台,前者如社交软件、网络游戏、小视频软件等,后者如电子商务平台、网约车平台等;除此两类平台外,还包括直接网络外部性、间接网络外部性共同起主导作用的平台,如各类操作系统等,可在此基础上将两类网络外部性相结合展开研究。按此分类方法也可以更好地解释莱斯曼（Rysman，2009）所谓的"一个潜在的平台企业必须选择是单边平台、双边平台还是多边平台"这一现象。

四、基于网络外部性的平台企业竞争行为研究

1. 基于直接网络外部性的平台企业竞争行为研究

对于直接网络外部性的研究可以追溯到卡茨和夏皮罗（Katz & Shapiro，1985）、法雷尔和萨洛纳（Farrell & Saloner，1985）的奠基性文献，他们分别开创了将直接网络外部性引入消费者效用函数、企业收益函数两个研究脉络，为研究直接网络外部性对企业定价行为、竞争策略的影响奠定了基础，对此，黄纯纯（2011）进行了详细综述。关于直接网络外部性的文献多以软件产业、通信行业为研究对象（Padmanabhan et al.，1997；李伟等，2013），研究主题集中在企业定价行为、兼容策略上，近年来网络外部性在反盗版中的应用也成为了研究热点之一。

由于网络外部性的存在，垄断厂商、寡头竞争厂商都更倾向于进行价格歧视以获得更高利润（胥莉和陈宏民，2006；Jing，2007）。巩永华和李帮义（2010）等人分别研究了存在网络外部性的情况下，垄断厂商、寡头竞争厂商的二级价格歧视行为，阿达奇（Adachi，2005）分析了垄断厂商三级价格歧视现象，布隆斯基（Blonski，2002）则以通信市场为对象，研究了两部制定价法在具有网络外部性的产品市场中的应用，发现解除对具有网络外部性的垄断厂商的规制并不一定能促进竞争，因为厂商可以通过提供差异化的产品、采用价格歧视等手段以继续保持垄断力量。

在消费者理性预期假设下，网络外部性的存在会影响厂商定价策略。本赛义德和莱斯内（Bensaid & Lesne，1996）构建两阶段动态博弈研究具有正网络外部性的产品的最优动态定价问题，他们发现：当正网络外部性足够大时，垄断厂商在第一阶段降低产品价格可以增加第二阶段的销售量，由此导致可预期的第二阶段价格增加，其模型适用于解

释具有正网络外部性的耐用品如软件产业的情况,而这在一定程度上能够解释平台企业中普遍存在的先圈粉后获利的定价行为。潘小军等(2006)区分了垄断厂商在不同阶段提供同质产品、异质产品两种情况,并分析了两种情况下的动态定价问题,研究发现,若垄断厂商在不同阶段提供同质产品,则第一阶段的价格要高于第二阶段价格的贴现值;若垄断厂商在第二阶段提供差异产品,则产品价格会比没有网络外部性的情况有所降低。刘晓峰等(2007)研究了消费者预期对垄断竞争厂商动态定价的影响,发现消费者对网络增长预期的增大,将导致更大的网络规模和更低的初始价格。当市场具有悲观预期时,厂商进行技术筛选的效果被削弱,但其可以利用各个击破的策略来解决消费者协调问题(Csorba,2008)。窦一凡等(2012)以软件产品为例,考察了前瞻性买家和网络外部性对企业决策的影响,并基于此得到了订阅式定价、一次支付式定价和限期免费策略等三类定价策略的最优参数,其数值模拟结果表明:在一定条件下,一次支付式定价和限期免费策略可以替代最优的动态定价策略。杨剑侠等(2009)利用30款收费网络游戏玩家的样本数据,检验了网络游戏运营商对玩家进行动态定价的现象,实证表明,网络游戏运营商存在对上瘾玩家也即忠诚用户进行垄断定价的行为,该实证结果可以用来解释包括网络游戏产业、信用卡产业、网络即时通信以及移动通信等网络产业的动态定价现象。

网络外部性的存在导致产品兼容性成为平台企业重要的竞争策略选择。张晓娟和张盛浩(2015)分析了永久授权、软件即服务两类交易方式对垄断软件开发商产品兼容策略选择的影响。李克克和陈宏民(2006)分析了寡头竞争市场下,网络外部性对软件开发商兼容策略选择的影响,研究发现,在消费者静态预期条件下,网络规模大的厂商总是偏好不兼容,网络规模小的厂商偏好兼容。对于互不兼容的存在网络外部性的产品,不同产品网络规模的不同也将成为产品之间垂直差异的一部分,对此,巴克和布姆(Baake & Boom,2001)考虑了由产品质量及其网络规模不同所导致的企业垂直差异的情况,研究发现当产品之间不兼容时,网络外部性将加剧企业间竞争。

盗版侵权是各类数字产品生产商所遇到的难题之一,而网络外部性为数字产品企业产权保护提供了全新思路(Lu & Poddar,2018)。金和兰佩(King & Lampe,2003)研究了在具备网络外部性的产品中,在有价格歧视的情况下,允许盗版对企业利润的影响。邓流生等(2010)则指出网络外部性不改变正版厂商和盗版厂商的均衡定价,但提高了厂商的市场覆盖率,使厂商利润和社会福利增加。卢远瞩和波达(Lu & Poddar,2018)通过分析得出市场结构、市场覆盖率可以内生决定的结论,为数字产品生产企业通过设定不同网络外部性以防止侵权事件的行为提供了策略选择。

2. 基于间接网络外部性的平台企业竞争行为研究

如前所述,由间接网络外部性理论延伸出来的双边市场平台理论成为最近十年产业组织理论研究热点(黄纯纯,2011)。随着信息技术的发展和商业模式的创新,越来越多的产业按照双边市场模式进行组织,如报纸杂志、操作系统、信用卡系统、各类电商平台等(Evans,2003;Rochet & Tirole,2003)。同时,相关文献也证实了间接网络外部性的存在,梁浩(2010)通过对我国网络招聘行业的实证分析,验证了网络招聘市场中存在典型的间接网络外部性。威尔伯(Wilbur,2008)利用美国电视行业数据,证明了电视行业中广告插播对观众"负间接网络外部性效应"的存在,即在忽略竞争效应的前提下,当电视台减少10%的广告量时观众福利将增加25%。

倾斜定价和价格补贴是双边市场平台的独特定价行为。罗雪和梯若尔(Rochet & Tirole,2003、2006)指出,由于双边平台市场中间接网络外部性的存在,平台定价时不仅需要考虑费用总额,也需要考虑定价结构问题,并由此提出倾斜定价这一规律。阿姆斯特朗(Armstrong,2006、2007)对倾斜定价甚至价格补贴现象进行了进一步解释,即平台往往对一边用户制定比较低的价格甚至价格补贴以吸引其接入平台，之后再发挥网络外部性的作用，吸引另外一边用户接入平台，并通过对另一边用户收取较高费用来获得利润。埃文斯（Evans，2003）则提出了"各个击破"策略以形象地描述双边市场平台的特征定价模式。对此，凯撒和赖特（Kaiser & Wright，2006）使用德国1972—2003年杂志行业数据，证明了杂志社从广告商处获得大部分利润，而对读者进行"补贴定价"的倾斜定价现象。此外，利用美国电视行业数据，博伊克（Boik，2016）也证明了该行业中倾斜式定价现象的存在。

在上述文献研究的基础上，国内外学者对双边市场定价机制进行了深入研究。郑伟（2004）、哈吉友（Hagiu，2009）等人分别研究了存在用户转移成本、网络外部性内生等情况下，均衡时的双边市场平台定价机制、社会福利等。鲍特和铁曼（Bolt & Tieman，2008）、孙武军和陆璐（2013）均改变了罗雪和梯若尔（Rochet & Tirole，2003）对需求函数的对数凹性假定，将需求函数设为常数弹性函数，从而解释了极端倾斜式价格结构的现象。安布鲁斯和阿根齐亚诺（Ambrus & Argenziano，2005）、刘启和李明志（2009）、吕正英等（2016）分别对双边用户非对称、平台非对称的情况下，寡头竞争的双边市场定价问题进行研究。程贵孙（2010）则考虑了负网络外部性对媒体产业定价及竞争行为的影响。佩茨等人（Peitz et al.，2016）研究了平台在对双边用户网络外部性大小不确定的情况下，通过贝叶斯信念更新预估双边用户网络外部性的大小，进而设定最优价格的情况。

价格歧视行为是平台研究热点之一。刘和瑟富斯（Liu & Serfes，2013）首次对双边市场完全价格歧视进行研究，他们发现完全价格歧视可能会缓和平台间竞争，与此同时平台会采用"杀熟"定价模式。之后，吉尔和里拉-克莱顿（Gil & Riera-Crichton，2011）基于刘和瑟富斯（Liu & Serfes，2013）模型，利用西班牙电视台数据，验证了双边市场中价格歧视与产品市场竞争之间的关系，他们发现厂商竞争与价格歧视之间存在一种 U 型关系,在市场竞争较弱的环境下,电视台更倾向于进行价格歧视,且当市场竞争更激烈时,平台将对忠诚客户制定较高的统一定价。恩里科(Enrico,2016)、全等(Jeon et al.,2017)、董雪兵等(2020)分别研究了垄断双边市场平台二级价格歧视问题,他们对垄断平台在不完全信息下对高低两种类型用户的定价机制及市场均衡时的用户接入量、社会福利等进行了分析。雷辛格(Reisinger,2014)分析了双边市场平台的两部制定价问题,他们发现平台可以从两部制定价中获益,此时单一接口的用户效用降低,多重接口的用户效用不受影响。戈麦斯和帕万(Gomes & Pavan,2016)研究了多对多匹配市场中的二级价格歧视问题。安吉鲁奇等(Angelucci et al.,2013)以报刊行业为例,从理论与实证角度研究了双边市场二级价格歧视现象,他们发现随着报刊从广告商获得的收益不断下降,对读者的价格歧视在不断增强。威尔(Weyl,2010)研究了多边平台中的三级价格歧视,并认为三级价格歧视能够内部化用户间外部性、增加交易量和提高平台利润,改善社会福利。

多重接口及排他性契约是平台研究的另一热点。阿姆斯特朗(Armstrong,2006)分析了平台对一边服务异质时,该边用户选择单一接口、另一边用户选择多重接口所形成的竞争瓶颈现象,而通过排他性契约则可以改变竞争瓶颈现象。阿姆斯特朗和赖特(Armstrong & Wright,2007)研究了双边市场中竞争瓶颈现象,并分析了排他性契约对均衡时平台定价及社会福利的影响,以及由此而来的用户多重接口现象。高洁等(2014)对媒体平台与内容供应商之间的排他性契约及其对竞争均衡的影响进行了研究。吉姆等(Kim et al.,2017)以美国两个主要团购平台 Groupon 与 Living Social 数据为例,检验了消费者多重接口对商家及平台策略的影响,研究发现:在存在用户多重接口的情况下,平台间竞争更加激烈,且平台在每一边市场中都创造竞争瓶颈是比较困难的。李(Lee,2013)利用美国视频游戏产业数据研究了垂直一体化与排他性合同对双边市场产业结构及竞争的影响,研究表明排他性合同与垂直一体化对进入平台有利,对消费者剩余及社会总福利的影响不确定。

利用网络外部性形成平台间垂直差异也是平台企业常用竞争策略。加布谢维奇和沃西(Gabszewicz & Wauthy, 2014)研究了当双边用户间网络外部性不同时,平台竞争将会导致出现一个垂直差异(用户数量不同)的市场结构,由此均衡时可以出现不对称平台共存的现象。安布鲁斯和阿根齐亚诺(Ambrus & Argenziano, 2009)研究了网络提供商可以提供多个网络时的价格决策与网络选择问题,在均衡时多重非对称网络可以共存,这些非对称网络会对不同用户组进行补贴,从而由消费者网络选择内生出产品差异。罗格(Roger, 2017)研究了两个寡头竞争的平台存在垂直差异并据此进行竞争的情况,他认为只有当某边用户给平台带来较小利润时才存在唯一的纯策略均衡,此时平台提供较低质量的服务;当其可以给平台带来较高利润时,平台必须进行混合策略竞争,此时必须有一个平台选择最低服务质量,否则市场将出现完全垄断。窦一凡和朱岩(2015)研究了第三方软件提供商对具有纵向差异的两个软件平台之间竞争的影响,刘维奇和张苏(2016)研究了存在垂直技术水平差异的寡头竞争中,技术创新对两平台互联互通的影响。

第二节　基于购买行为的价格歧视研究

产业组织理论中,一般将价格歧视分为三类:一级价格歧视、二级价格歧视和三级价格歧视(梯若尔,2015)。随着企业定价行为的发展,动态价格歧视现象引起了学者们的关注。企业可以通过以下两种方式实现动态定价:一种方式是对在不同时点购买相同产品的消费者制定不同价格,如新书刚上市时推出精装版并制定较高价格,发行一段时间之后推出平装版并制定较低价格,这种价格歧视类似于"数量折扣",是二级价格歧视的一种；另一种方式是在同一消费者重复购买某种商品时,企业可以根据消费者的购买历史来区别新老用户并对其进行价格歧视,即"基于购买行为的价格歧视"(BBPD),这是三级价格歧视的一种形式(Chen,1997)。企业之所以能够采取 BBPD 定价策略,原因在于消费者对同质产品需求具有异质性,企业能够通过根据消费者的购买行为推测出其异质性,并由此对其进行价格歧视(齐兰和赵立昌,2015)。在对 BBPD 定价策略的研究中,大部分文献都沿着转移成本异质性和品牌偏好异质性这两个方向展开。

一、基于消费者转移成本异质性的 BBPD 定价行为

对由转移成本带来的异质性,研究文献多以陈勇民(Chen, 1997)和泰勒(Taylor, 2003)的分析为基础进行后续扩展。

陈勇民(Chen, 1997)认为,消费者转移成本的存在导致平台可以对其进行分割进而根据消费者购买行为实行价格歧视,并由此分析了存在转移成本的情况下,企业对新客户进行价格折扣以吸引新客户的经济现象。他发现:BBPD 会导致企业利润折现和的减少和社会福利的损失,而消费者剩余不一定增加；随着消费者转移成本的增加,对全部消费者的定价、对新客户的折扣以及新老客户的价差都将随之增加,当其转移成本接近于零时,均衡价格接近于企业边际成本,新用户折扣接近于零。

泰勒(Taylor, 2003)研究了消费者转移成本可变且为其私人信息情况下,企业与消费者进行无限期博弈时,不同市场结构下的 BBPD 定价策略。他发现:吸引客户转移的定价策略降低了经济效率；在充分竞争市场中,企业对新客户提供低于成本的定价,而对老客户则收取较高费用,由此,每一家企业都依靠其老客户盈利,从新客户中获得的预期利润为零。当企业能够记录消费者的转移行为时,转移成本低的消费者可以从频繁转移中获益,此时导致逆向选择问题。

在此基础上,格里克等(Gehrig et al.,2011)分析了存在市场进入的情况下,拥有消费者购买信息的在位企业采用BBPD对新进入企业进入决策的影响。他们认为:无论在位者采用统一定价还是价格歧视都不改变其市场主导地位;在位者BBPD减少了消费者剩余,增加了在位者收益,增加了社会福利,但对进入者的进入决策无影响。瑞和托马森(Rhee & Thomadsen,2016)研究了企业间存在垂直差异时,BBPD对竞争均衡的影响。他们认为:如果消费者折现率较低,那么处于劣势的企业将选择回馈其老客户,如果消费者折现率较高,那么处于劣势的企业可以从BBPD中获得较多利润。

此外,瑞(Rhee,2014)认为消费者转移成本可以通过两种方式内生设定:一种是通过产品兼容性,在企业价格竞争开始之前设定,是为前期转移成本;另一种是通过产品个性化定制,在企业价格竞争过程中设定,是为后期转移成本。基于此,他分析了这两种转移成本对竞争均衡的影响,他发现:实现后期转移成本最大化对企业是有利的,且企业有较少的动机去创造前期转移成本,同时BBPD也阻止了企业完全收割其锁定的客户;此时,转移成本减少了消费者的无效转移进而增加其福利。

由于消费者偏好多样化,因此,尽管存在转移成本,消费者也倾向于在竞争企业之间的转移。这就导致了消费者重复购买某一商品时出现滞留成本。杨渭文和蒋传海(2008)将滞留成本引入BBPD定价研究。他们发现:由于滞留成本的存在,每家企业都会选择奖励老客户,企业利润随滞留成本递增,而社会总福利和消费者剩余则随滞留成本递减;此时,BBPD降低了企业利润和社会福利,增加了消费者剩余;滞留成本较小时,均衡结果是企业均选择BBPD。蒋传海等(2018)又将拥塞成本(直接网络外部性为负)、滞留成本引入竞争企业定价决策。他们发现:与统一定价相比,BBPD时两期均衡价格均降低,厂商均衡利润也降低,社会福利降低,消费者剩余增加。如果厂商可以在BBPD和统一定价之间进行选择,那么当拥塞成本相对于滞留成本较小时,厂商均选择 BBPD 会成为均衡结果,但会出现"囚徒困境"。

在实证研究方面,卡博-巴尔韦德等(Carbo-Valverde et al.,2011)利用 65 家西班牙银行 1986 年到 2003 年的储户数据,验证储户转移成本对储户利率的影响。研究发现,位于有较多移民进入地区的银行倾向于为储户提供较高的利率,当银行有较大的锁定用户群体时,将提供较低的储蓄利率。这些发现验证了开发老客户与吸引新客户之间权衡的存在。

也有学者将网络外部性引入 BBPD,研究其对竞争均衡的影响。其中,蒋传海(2010)研究了存在直接网络外部性、转移成本的情况,BBPD 对寡头竞争的影响。他认为:网络外部性的存在加剧了市场竞争,导致厂商利润下降,而消费者剩余和社会福利提高。转移成本的存在导致消费者剩余提高,厂商利润和社会福利则降低。歧视定价增加了消费者剩余,减少了企业利润和社会总福利。

毕菁佩和舒华英(2016)将 BBPD 引入双边市场,研究部分用户多归属情况下,间接网络外部性对 BBPD 的影响。他们发现:平台两阶段对多归属用户定价相同,对单归属用户定价均低于统一定价模型,BBPD 对平台利润的影响因双边用户间接网络外部性相对大小变化而不同。卡罗尼(Carroni,2017)也将 BBPD 引入双边市场平台竞争,他假设平台仅对一边用户进行价格歧视而对另一边用户进行统一定价,分析了"各个击破"定价策略以及 BBPD 定价策略对平台定价策略及竞争均衡的影响,他发现:BBPD 将降低平台利润,但当消费者折现率较低时,其消费者剩余可能损失,社会福利也可能减少;当消费者折现率较高时,其消费者剩余可能增加,社会福利也可能增加。

二、基于消费者品牌偏好异质性的 BBPD 定价行为

基于消费者品牌偏好异质性的研究多以维拉斯-博阿斯(Villas-

Boas，1999)及弗登伯格和梯若尔(Fudenberg & Tirole，2000)的分析为基础进行后续扩展。

维拉斯-博阿斯(Villas-Boas，1999)研究了在无限期博弈中，寡头垄断企业对具有品牌偏好异质性的消费者进行价格竞争的情况。他发现：在此情况下，企业将对竞争对手的客户设定较低价格，消费者折现率增加将加剧企业间竞争，企业折现率增加将弱化企业间竞争。弗登伯格和梯若尔(Fudenberg & Tirole，2000)分析了消费者两期偏好安全相同、完全独立的两种情况下，平台分别选择短期契约、长期契约时，BBPD对企业利润、消费者剩余、社会福利等的影响，并提出了客户捕获的概念。他们认为：当企业提供短期契约时，企业给竞争对手的客户在第二阶段提供折扣，并且存在消费者转移，但该转移是无效的，而长期契约可以增强消费者面对企业捕获时的谈判力量，并增加经济效率。

在此基础上，陈和皮尔西(Chen & Pearcy，2010)利用copula函数，刻画了消费者跨期偏好之间的相关关系，分析了厂商进行价格承诺与否的不同设定下，均衡定价随消费者两期偏好相关系数大小变化的情况。研究发现，当企业无价格承诺时，企业总是诱导消费者进行品牌转移，且随着消费者跨期偏好独立性增强，对品牌转移的诱导就越强，此时，BBPD总是导致较高的企业利润与较低的消费者剩余；在企业有价格承诺时，当消费者跨期偏好独立性较低时奖励忠诚客户是均衡结果，而当其跨期偏好独立性较高时诱导品牌转移是均衡结果。之后，布罗克索娃等(Brokesova et al.，2014)对陈和皮尔西(Chen & Pearcy，2010)的理论结果进行了实验检验，该实验结果验证了理论模型基本结论。

原有分析都假设消费者需求完全无弹性，对此，伊斯特伟斯和雷吉亚尼(Esteves & Reggiani，2014)将需求弹性变化引入BBPD研究。他们以弗登伯格和梯若尔(Fudenberg & Tirole，2000)模型为基础，利用CES模型，研究了消费者需求弹性可变的情况。他们发现：与统一定价相比,BBPD将加剧企业间竞争,导致企业利润损失,但随着需求弹性增加,该损失将减少;增加消费者剩余,且该剩余与需求弹性无关;在单位弹性下,社会总福利总是减少的,但当需求弹性足够高时,社会总福利可能增加。

此外,蒋传海和周天一(2017)将滞留成本与价格承诺引入BBPD,得出了滞留成本将导致企业利润增加、消费者剩余和社会福利减少,而企业有价格承诺将导致消费者剩余增加、企业利润和社会福利减少的结论。

现有文献较少关注网络外部性对基于消费者偏好异质性的BBPD策略的影响,董雪兵和赵传羽(2020)对此进行了研究,他们构建了包括平台、双边用户在内的两阶段博弈模型,以无价格歧视为基准情况,分析了平台根据用户购买行为进行价格歧视(有价格承诺、无价格承诺)对平台利润、消费者剩余、社会福利等的影响。其研究表明:在双边用户跨期偏好不变的假设下,选择基于购买行为的价格歧视且无价格承诺是平台严格被占优策略;与无价格歧视时相比,若平台选择价格歧视且有价格承诺,将导致消费者剩余、社会福利的损失。

三、其他对 BBPD 定价行为的研究

上述研究均关注寡头竞争企业基于消费者转移成本、品牌偏好异质性所进行的 BBPD 策略及其对均衡结果的影响。除此之外,还有一些文献从其他角度对 BBPD 进行分析。

在前述文献分析中,均未考虑消费者在产品选择中"耍花样"的行为,比如,消费者可以交替使用不同产品以掩饰其品牌偏好,也可以通过删除网页浏览痕迹等"匿名"行为来对厂商的信息记录技术进行干扰。对此平台需要设计相应的激励机制,以使消费者充分展示其类型。阿奎斯蒂和瓦里安(Acquisti & Varian, 2005)对此展开研究,他们分析了当消费者可以有效保护其隐私时,企业如何利用激励理论进行机制设计以对其新老用户进行价格歧视并实现利润最大化,并且对垄断厂

商、竞争厂商以及消费者短视等不同情况进行了详细分析。

消费者相关信息对企业价格歧视行为极其重要,前述研究都假设每家企业根据其自身对消费者的行为记录进行定价,但没有考虑企业之间信息共享问题,对此,奈斯和罗曼(Nijs & Romain,2017)进行了研究,他们认为:信息共享是一个子博弈完美均衡,并且增加了 BBPD 的盈利性;存在一个从大中型企业到小企业的单向信息共享,而小企业通过信息购买增加其获取剩余的能力;信息共享明显有利于小企业,同时对大中型企业也无损害。大中型企业出售其客户信息的竞争导致该信息被免费出售,由此导致整个博弈中所有企业都从信息共享中获利。杨万中和蒋传海(2017)也分析了企业间双向信息共享、单向信息共享与无信息共享三种情况,他们发现:双向信息共享是占优策略,此时,企业利润将增加、消费者剩余将减少。

此外,企业 BBPD 策略也受到其所处行业影响,在衰退型行业、成长型行业中,企业 BBPD 策略的影响也不同。夏伊等(Shy et al.,2016)建立了一个无限期世代交替模型,分析在成长型、衰退型行业中,BBPD 对市场均衡及社会福利的影响。作者认为在无限期博弈情况下厂商对其用户的定价受收割效应、投资效应影响,在衰退型市场中,收割效应占主导,因而对消费者定价较高,BBPD 造成消费者剩余损失;在成长型市场中,投资效应占主导,因而对消费者定价较低,BBPD 加剧市场竞争;当转移成本较高时,BBPD 在衰退型市场中造成的消费者剩余损失高于成长型市场中的消费者剩余损失。

伊斯特伟斯(Esteves,2014)分析了企业为避免其具有转移意愿的老用户转向竞争对手而对此类用户采取保留定价策略时,BBPD 对市场均衡、社会福利等的影响,并认为在企业采用保留定价策略情况下,BBPD 将加剧市场竞争,并由此导致企业利润损失、消费者剩余和社会总福利增加。伊斯特伟斯和塞尔凯拉(Esteves & Cerqueira,2014)将企业广告投入引入 BBPD 研究,认为寡头竞争企业可以通过广告投入培育消费者品牌偏好，并且可以依据消费者购买行为对其新老客户进行定向广告投放进而降低广告投入，由此得出了 BBPD 导致企业利润增加、消费者剩余和社会福利减少的结论。伊斯特伟斯和瓦斯孔塞洛斯（Esteves & Vasconcelos, 2015）研究了企业横向兼并情况下，BBPD 对市场均衡及社会福利的影响，他们发现：只有当横向兼并与 BBPD 同时存在时，才会导致企业利润增加，否则都不会导致企业利润增加；同时，该模型很好地解决了企业横向兼并中"搭便车"问题。

第三节　实验经济学方法在定价行为研究中的应用

博弈论的发展、一般均衡理论所遇到的困境以及替代性分析框架的兴起为实验经济学的发展、成熟提供了有利条件（豪瑟和罗卫东，2012），一般认为经济学第一个实验是由张伯林（Chamberlin, 1948）在 1948 年完成的，而后史密斯（Smith, 1962）发表的奠基性文章《竞争性市场行为的实验研究》则被认为是实验方法正式踏上经济学舞台的标志。在之后的半个多世纪中，大量的实验经济学家不断努力，终于推动实验经济学为主流经济学所接受，2002 年度诺贝尔经济学奖授予实验经济学家弗农·史密斯（Vernon Smith），标志着实验经济学已经正式成为经济学的一个分支。

利用实验经济学方法，研究者可以借助实验室"创造"一个符合要求的市场，以"生成"可用于检验的观测数据（Davis & Holt, 1993），并且可以通过考察市场对个体行为的影响而研究市场本身（Heukelom, 2014）；同时，通过可控实验室实验得到的现象和数据不同于现实中的现象和数据，实验室数据在最大程度上排除了不相关因素的干扰，从而可以用来考察研究者最为关心的变量之间的因果关系。由此，实验经济学与理论分析、计量经济学方法相互弥补，成为研究经济问题可以选用的重要方法之一。

寡头企业间价格竞争行为是实验经济学关注的热点之一。阿宾克和布兰茨(Abbink & Brandts,2002a)研究了在收益递减情况下的价格竞争模型,在其实验中,分别有2家、3家、4家企业进行价格竞争,研究发现企业数量越多将导致平均价格越低,然而价格却始终位于瓦尔拉斯均衡之上。阿宾克和布兰茨(Abbink & Brandts,2002b)研究了在厂商成本不确定情况下的价格竞争,同样地,实验包括了2家、3家、4家企业不同情况,实验结果表明,随着企业数量增加,市场价格减少,但平均而言仍在边际成本之上,企业越多竞争越激烈。泽尔腾和阿佩斯特吉亚(Selten & Apesteguia,2005)利用实验室实验检验了Salop环形竞争中企业位置博弈行为。其实验共进行200轮,且不同实验局分别包含3个、4个、5个参与者,在每个实验局中,被试都没有得到关于其自身价格与利润之间关系的任何信息,但是在每一轮实验结束时都会得到与之相邻的两个厂商的价格与利润的信息。实验结果显示:被试行为会被其模仿倾向影响并且不同被试的决策将趋向于合作。奥尔岑和塞夫顿(Orzen & Sefton,2008)利用实验室实验研究了分割市场中的价格竞争现象,实验结果表明,在不同的分割市场中存在持续的价格离散现象,同时在较大细分市场中竞争更为激烈,这也导致厂商无法提高价格以获取消费者剩余。此外,卡森和弗里德曼(Cason & Friedman,2003)研究了消费者搜索行为对企业价格竞争的影响,杜夫文贝格和尼斯(Dufwenberg & Gneezy,2000)、艾布拉姆斯(Abrams et al.,2001)分别利用手动实验、计算机编程的方法,检验了同质产品的价格离散现象,贝耶和摩根(Baye & Morgan,2004)则利用前两个实验的结果,再次证明了同质产品市场的价格离散模型。摩根等(Morgan et al.,2006)则从消费者异质性角度验证了解释同一产品价格离散现象的中央清算所模型。哈克等(Huck et al.,2000)研究了存在异质产品时,信息反馈对寡头企业竞争行为的影响并区分了古诺竞争与伯川德竞争情况,该实验有4个被试,共进行了40轮,结果表明:更多信息将导致更加激烈的竞争,同时伯川德市场将导致寡头企业间更加激烈的竞争。此外,福拉克和西格尔(Fouraker & Siegel,1963)、多比尔等(Dolbear et al.,1968)与斯托克(Stoecker,1980)等也认为企业越多、价格竞争越激烈,由此导致价格越低。

随着技术进步,厂商具备了对顾客制定个性化定价的条件,对此,肖和伏尔坎(Shaw & Vulkan,2012)设计实验模拟电子商务场景,检验竞争环境下厂商对同质商品(实验中该商品为一本书)的个性化定价现象。研究发现:当允许厂商进行个性化定价时,厂商几乎总是选择价格歧视,这导致更加激烈的厂商竞争、较低的平均价格,进而增加整体福利,但是对厂商利润的影响却不确定。同时,也有一些因素会影响企业价格歧视行为,例如,莱布兰特(Leibrandt,2020)研究了顾客抵制价格歧视行为对厂商定价策略的影响,作者通过让被试在实验室进行实际商品交易的形式,研究了在不同信息条件下,厂商个性化定价范围及消费者对不同定价决策的反应。研究发现:无论在垄断市场还是竞争市场中,由于顾客对个性化定价的抵制行为,厂商将限制进行价格歧视的程度,甚至采取统一定价策略。

对于跨期价格歧视,居特等(Güth et al.,1995)试图通过一个教室实验,研究耐用品消费市场中垄断卖方在有限期博弈时的跨期价格歧视行为。在其实验设计中,卖方与消费者折现率不同,且一组被试了解耐用品垄断销售相关理论,而另一组完全不知道该理论及其他博弈论知识。由于博弈期数较少,被试无法通过博弈获得相关经验,导致实验结果并没有完全验证相关理论。拜耳(Bayer,2010)研究了存在跨期价格歧视的情况下,竞争对非耐用品市场的影响。该实验从两个维度进行设计,一个是垄断市场结构与寡头竞争市场结构,另一个是早到者优惠与晚到者优惠,由此存在4个实验局,他们共招募190个被试,其被试也被设定为高、低两种价值类型,他们利用Z-tree软件进行多阶段测试。实验结果表明:在动态市场中,竞争并不一定阻止跨期价格歧视,尽管竞争导致价格下降但是其下降幅度远低于理论预测,同时,竞争增加了效率,导致社会总福利增加。

随着对 BBPD 定价行为理论研究的深入,也有学者对其进行了实验检验,尽管文献数量较少,但也在一定程度上支持了 BBPD 定价行为的各项理论研究结果。马哈茂德(Mahmood,2014)设计了一个存在消费者异质性且偏好随机的可控实验室实验,研究此时企业定价策略选择。实验结果表明,企业主要的定价策略是诱导新用户并从老用户中获取利润,而非奖励老客户的忠诚;同时,消费者异质性加剧了企业间竞争并增加了价格歧视,而偏好随机性则弱化了竞争,减少了歧视。马哈茂德和伏尔坎(Mahmood & Vulkan,2012)选择了企业界的专家人士作为被试检验 BBPD 定价理论,其实验也涉及高低类型的消费者、不同的市场结构(两家企业进行霍特林竞争或者 4 家企业分布在 Salop 环中),企业根据消费者类型进行价格歧视。他们的实验结果表明:寡头企业间激烈的竞争减少了其对新客户优惠的程度,并且能够鼓励忠诚折扣。由于马哈茂德(Mahmood,2014)、马哈茂德和伏尔坎(Mahmood & Vulkan,2012)均未考虑企业进行价格承诺的情况,对此,布罗克索娃等(Brokesova et al.,2014)以陈和皮尔西(Chen & Pearcy,2010)模型为理论基础,分析了在消费者偏好随机或固定、厂商有无价格承诺等四种不同情况下的定价机制,之后通过可控实验室实验验证了上述四种情况下的 BBPD 定价行为。实证结果基本支持理论预期:当消费者偏好跨期固定时,厂商倾向于诱导新用户;当消费者跨期偏好随机时,对于老用户的价格承诺将导致对老用户提供折扣,但是折扣并没有理论预测那样普遍;同时,对于老客户的价格承诺被认为降低了价格水平。

第四节　文献评述

通过上述分析可以发现:对于平台企业,经济学界已有较多研究,在其概念界定、特征分析、定价机制等方面已经取得丰硕成果,很好地解释了一些平台企业定价现象;对于基于购买行为的价格歧视,现有文献从消费者转移成本异质性、偏好异质性两个维度进行深入研究;实验经济学方法,被广泛应用于企业定价行为研究,为验证平台企业 BBPD 定价行为提供有效备选方案。但是现有研究也存在一些不足之处,具体如下:

第一,现有对平台企业研究多关注双边市场平台,对其他类型平台企业关注较少。而双边市场只是平台企业的一种类型,除此之外还有单边市场、多边市场,其本质区别在于不同平台中起主导作用的网络外部性不同,如在网络社交、短视频、网络游戏等行业中,直接网络外部性起主导作用;而在网约车、电子商务、网络视听等行业中,间接网络外部性起主导作用;在其他平台,如微软、鸿蒙、安卓等操作系统中,直接网络外部性、间接网络外部性均发挥着重要作用。因此,有必要依据网络外部性对平台企业进行区分并分别展开研究,以解释不同类型平台企业定价行为。

第二,平台企业 BBPD 定价行为及随之出现的大数据"杀熟"现象,一直是社会关注焦点,但现有研究对此现象关注较少,且现有将网络外部性与 BBPD 定价行为相结合的文献也存在一定局限性:首先,现有文献均基于用户转移成本异质性进行研究,且仅分析消费者两阶段位置完全独立的情况,而现实中,尤其是在网络社交、网络游戏、短视频、电子商务、网络出行、网络视听等行业中,用户平台选择更容易受其品牌偏好而非转移成本影响,用户跨期偏好不变也是常见情形;其次,现有研究仅考虑平台企业无价格承诺的情况,而事实上各类平台企业都会对其新老用户进行某种形式的价格承诺,如对新用户的首单减免,对老用户的优惠券、折扣券等,价格承诺行为对平台企业 BBPD 定价策略的影响尚未得到关注;最后,双边市场平台可以对其双边用户均采用 BBPD 定价策略,如滴滴打车既对新老乘客进行价格歧视,还对新老车主在派单、佣金减免上差别对待,而现有研究仅考虑对一边用户进行价格歧视的情况。由此,对平台企业 BBPD 定价行为的研究仍有待深入。

第三,现有 BBPD 定价行为研究以理论分析为主,缺少实证检验,其原因在于企业定价数据难以获取,对此,有学者(Mahmood,2014;Mahmood & Vulkan,2012;Brokesova et al.,2014)尝试利用实验经济学方法对 BBPD 定价行为进行验证,实验结果总体上证明了关于 BBPD 定价行为的理论分析结论。但这些实验均针对传统产业组织 BBPD 定价行为,较少关注具有网络外部性的平台企业 BBPD 定价行为。因此,有必要利用可控实验室实验检验网络外部性对平台企业 BBPD 定价行为的影响。

第三章　直接网络外部性主导的平台企业BBPD定价行为：理论分析

　　本章通过构建两阶段动态博弈，将直接网络外部性、价格承诺、消费者偏好异质性等引入模型，研究在不完全信息情况下，平台企业以消费者购买行为为信号判断消费者品牌偏好，进而对其进行价格歧视的现象。本章分别分析无价格歧视、BBPD且有价格承诺、BBPD且无价格承诺三种情况，利用数值模拟方法研究了直接网络外部性变化对均衡时市场绩效的影响。本章研究适用于解释网络社交平台、网络游戏平台、短视频App等直接网络外部性起主导作用的平台企业BBPD定价行为。本章与第四章共同构成平台企业BBPD定价行为理论分析框架，并为第五章实验研究提供理论基础。

第一节　引言

　　直接网络外部性广泛存在于现实经济活动中。如第二章所述，直接网络外部性指代表性消费者从消费某产品/服务中所获效用随消费该产品的其他消费者数量增加而递增的现象（Katz & Shapiro，1985）。在网络社交、网络游戏、短视频等产业中，直接网络外部性均起主导作用，具体而言，在网络社交产业中，随着接入某一通信/社交网络用户数量增加，接入该网络的用户所获效用也越高（能够通过同一网络与更多人取得联系）；在网络游戏、短视频产业中，接入某一网络游戏/短视频软件的玩家越多,可以给该游戏/短视频软件的玩家带来更好的娱乐体验,由此导致该平台企业代表性用户效用增加。

BBPD是企业常见价格歧视行为。该价格歧视行为指企业利用信息技术或其他手段记录消费者购买行为,据此将消费者区分为新客户与老客户,再对新老客户制定不同价格(Taylor,2003;蒋传海,2010)。BBPD属于三级价格歧视范畴(Chen,1997),该定价行为随企业信息搜集处理能力的提升而出现,并将随信息处理技术发展而越来越多地被采用,如网络游戏运营商将其玩家区分为核心玩家、新玩家进而进行差别定价的现象。

是否进行价格承诺是企业选择BBPD定价策略时面临的重要权衡。价格承诺是指平台企业在博弈第一阶段就对其第二阶段老用户承诺一个定价,并在第二阶段依此定价对老客户收费(Caminal & Matutes,1990)。通过价格承诺,平台可以为第二阶段锁定一部分老客户,进而保障第二阶段的市场份额与利润,但当寡头竞争的平台企业均进行价格承诺时,将会导致两平台在第二阶段加大对新用户竞争,由此导致新用户为其带来的利润降低,此时,平台就面临着是否进行价格承诺的权衡。

现有研究较少关注直接网络外部性对BBPD的影响。学术界对直接网络外部性、BBPD定价行为的研究已有很多(朱彤,2001;黄纯纯,2011;齐兰和赵立昌,2015)。而将直接网络外部性与BBPD定价行为相结合的研究则较少,其中,蒋传海(2010)将直接网络外部性引入BBPD定价策略,并得出"网络外部性加剧平台企业间竞争,导致平台企业利润减少、消费者剩余和社会福利增加"的结论。在此基础上,蒋传海等(2018)研究了拥塞成本(负的直接网络外部性)、滞留成本对BBPD及市场均衡的影响,他们认为:拥塞效用、滞留成本都会弱化厂商间竞争,导致厂商间"默契合谋",BBPD将导致厂商均衡利润和社会福利减少、消费者剩余增加,且两厂商都选择BBPD时可能出现囚徒困境。

上述研究未考虑消费者偏好异质性、价格承诺等因素的影响。现实中，尤其是在网络社交、网络游戏、短视频等行业中，消费者在不同平台企业之间选择更易受其品牌偏好而非转移成本影响，消费者跨期偏好不变也是常见情形；同时，很多平台企业都会对老客户进行价格承诺，如提供各类折扣、优惠券等。这些现实经济现象与理论研究进展使得有必要研究消费者偏好异质且跨期偏好不变、价格承诺等因素对BBPD的影响。

本章主要关注以下问题：在消费者偏好异质且跨期不变的情况下，直接网络外部性起主导作用的平台企业选择 BBPD 定价行为（无价格承诺、有价格承诺）时最优定价机制是什么？直接网络外部性对平台企业占优策略选择有何影响？BBPD 定价行为将对市场绩效产生什么样的影响？

本章研究发现：均衡时，BBPD 且有价格承诺为该类平台企业严格被占优策略，平台将根据直接网络外部性的变化选择无价格歧视或BBPD 且无价格承诺；与无价格歧视时相比，平台企业选择 BBPD 且无价格承诺将加剧第二阶段平台间竞争，在第一阶段是否加剧平台间竞争取决于直接网络外部性大小，该定价策略将导致平台企业利润增加及消费者剩余、社会福利损失。本章结论与前述各文献结论存在一定差异，其原因在于本章模型基于消费者偏好异质性构建而前述各文献模型基于消费者转移成本异质性构建。

本章第二部分为模型假设；第三部分对平台企业选择无价格歧视、BBPD（无价格承诺、有价格承诺）时的定价机制进行刻画；第四部分基于均衡时平台企业定价机制，分析不同情况下平台企业利润、消费者剩余、社会福利；第五部分利用数值模拟法分析直接网络外部性变化对市场绩效的影响；第六部分为本章小结。

第二节　模型假设

假设存在两个寡头竞争的平台企业, $i = A$、B,为消费者提供同质服务。平台企业可以记录消费者购买行为并据此对其新老客户收取不同费用,但此时两平台企业对其新老客户提供的服务是同质的。当平台企业进行价格歧视时可以选择是否进行价格承诺,若其进行价格承诺,则在第一阶段对其第二阶段老客户承诺一个价格,并在第二阶段以此承诺价格对其老客户收费。平台企业在每一阶段都同时设定相应价格 p_A^t、p_B^t, $t = 1$、2,该价格为公开信息。平台企业以其预期利润折现和最大为目标且其利润仅来自对消费者收费,两平台企业利润折现率均为1。

两平台企业固定成本均为0,为消费者提供服务的边际成本均为 c。假设消费者具有理性预期,且总量为1,代表性消费者对两平台企业有不同偏好 θ, $\theta \in [0, 1]$, θ 在一维偏好空间 $[0, 1]$ 中均匀分布①。θ 指相对于对平台企业 A 的偏好而言,代表性消费者对平台企业 B 的偏好为 θ,由此,平台企业 A 位于 $\theta = 0$、平台企业 B 位于 $\theta = 1$ 处。假设消费者跨期偏好不变,且消费者偏好为其私人信息。对接入平台企业 i 的消费者而言,其效用随接入同一平台企业消费者数量的增加而递增,即存在直接网络外部性,假设该直接网络外部性参数为 α,本书不考虑网络外部性为负的情况,因此 $\alpha > 0$。消费者存在保留效用 V,且 V 足够大使得所有消费者在每个阶段都会选择接入一个平台企业,本章也仅考虑其接入一个平台企业的情况(单一接口)。消费者以其预期效用折现和最大为目标,且其效用折现率均为1。

---

① 该假设符合弗登伯格和梯若尔(Fudenberg & Tirole, 2000)中关于单调风险率条件的假设: $f(\theta_i)$ 关于 $\frac{1}{2}$ 对称, $\frac{f(\theta_i)}{1 - F(\theta_i)}$ 关于 θ_i 严格递增。单调风险率条件将保证当企业无价格歧视时存在一个唯一的均衡,同时 $f(\theta_i)$ 关于 $\frac{1}{2}$ 对称的假设允许本书关注对称均衡,这将极大地简化分析。

由此可知,在阶段 t, $t＝1$、2,偏好为 θ 的消费者接入平台企业 A 或者 B 将获得效用:

$$U=\begin{cases} V+\alpha\times n_A^{e,t}-\theta-p_A^t & \text{若其接入平台企业 A} \\ V+\alpha\times n_B^{e,t}-(1-\theta)-p_B^t & \text{若其接入平台企业 B} \end{cases}$$

其中,$n_A^{e,t}$、$n_B^{e,t}$ 分别为代表性消费者对 t 期接入平台企业 A、B 的消费者数量的期望,由于市场完全覆盖且消费者只接入一个平台企业,所以有 $n_A^{e,t}+n_B^{e,t}=1$。p_A^t、p_B^t 为平台企业 A、B 在第 t 阶段对消费者的定价。

博弈分两阶段进行。平台企业可以自由选择是否进行价格歧视,若其进行价格歧视,还需选择是否进行价格承诺,据此,平台企业在两阶段有不同的定价行为。当平台企业选择价格歧视且无价格承诺时,在第一阶段,平台企业 i 对其消费者提供统一定价 p_i^1,在第二阶段,平台企业 i 对其新老客户提供差别定价,分别为 $p_i^{2,n}$ 与 $p_i^{2,o}$。当平台企业选择价格歧视且有价格承诺时,在第一阶段,平台企业 i 对其消费者提供统一定价 p_i^1,并承诺对第二阶段老客户提供定价 $p_i^{2,o}$,在第二阶段,平台企业 i 仅对其新客户提供定价 $p_i^{2,n}$。两平台企业同时进行定价决策,之后消费者根据平台企业定价及其理性预期选择能为其带来更大效用的平台企业。

第三节　均衡分析

因为假设寡头竞争平台产品同质、成本相同、决策同步,所以仅考虑对称均衡情况。在进行分析之前,有必要对 α 取值进行讨论。首先,由于用户均存在直接网络外部性,且本章不考虑直接网络外部性为负的情况(此时消费者之间存在拥挤成本),由此假设 $\alpha>0$;其次,本章认为对代表性消费者而言,其接入某平台企业所获效用对接入同一平台企业用户数量的弹性较小,即消费者接入平台企业主要为满足其固定效用 V 而非获得网络外部性,因此假设 $\alpha<1$,这意味着接入某平台企业消费者数量的增加给代表性消费者所带来的边际效用小于 1;再次,对于网络外部性进行实证研究的文献,如凯撒和赖特(Kaiser & Wright,2006)、吉尔和里拉-克莱顿(Gil & Riera-Crichton,2011)等均表明消费者网络外部性参数取值位于(0,1)区间;最后,为保证下述定价机制存在,需设定 $\alpha\neq\frac{1}{2}$。由此,本章假设 $\alpha\in(0,1)$ 且 $\alpha\neq\frac{1}{2}$。

一、无价格歧视

当平台企业不对消费者进行价格歧视时,该博弈变为两期重复霍特林博弈,本章以此为基准情况,对比分析平台企业选择 BBPD 定价行为时企业利润、社会福利等的变化。此时,假设两平台企业定价分别为 p_A^u、p_B^u,由此,无差异的临界消费者为:

$$\theta_* = \frac{\alpha\times n_A^u - \alpha\times n_B^u + 1 - p_A^u + p_B^u}{2}$$

其中,n_A^u、n_B^u 分别为无价格歧视时接入平台企业 A、B 的预期用户数量,由此可知:$n_A^u=\theta_*$,$n_B^u=1-\theta_*$。由此可得:

$$\theta_* = \frac{1}{2} - \frac{(p_A^u - p_B^u)}{2(1-\alpha)}$$

此时,两平台企业利润最大化问题变为:

$$\max_{p_A^u}[\theta_*\times(p_A^u-c)]$$

$$\max_{p_B^u}[(1-\theta_*)\times(p_B^u-c)]$$

对该利润最大化问题求解可得:

机制 3.1 当两平台企业均不进行价格歧视时,其对消费者两期定价均为:

$$p_A^u = p_B^u = 1 + c - \alpha$$

在每一阶段,两平台企业都平分市场,$\theta_* = \dfrac{1}{2}$。

此时,偏好位于区间 $\left[0, \dfrac{1}{2}\right]$ 的消费者在两阶段都接入平台企业

A,偏好位于区间 $\left[\dfrac{1}{2}, 1\right]$ 的消费者在两阶段都接入平台企业 B。

二、BBPD 且无价格承诺

此时,该博弈如图 3-1 所示。在第一阶段,平台企业 i 对其消费者提供统一定价 p_i^1,$i = A, B$,消费者同时选择要接入的平台企业,由此存在一阶段临界点 θ_*,使得位于区间 $[0, \theta_*]$ 的消费者接入平台企业A,位于区间 $[\theta_*, 1]$ 的消费者接入平台企业 B。给定第一阶段两平台企业势力范围,在第二阶段平台企业 i 可以对其新老客户提供不同定价,分别为 $p_i^{2,n}$、$p_i^{2,o}$,消费者根据该定价决定继续接入原平台企业还是转向新平台企业,由此可能存在临界点 Ψ、Ω,使得位于区间 $[0, \Psi]$的消费者在两阶段都接入平台企业 A,位于区间 $[\Psi, \theta_*]$ 的消费者在第一阶段接入平台企业 A、第二阶段转向平台企业 B,位于区间 $[\theta_*, \Omega]$的消费者在第一阶段接入平台企业 B、第二阶段接入平台企业 A,位于区间 $[\Omega, 1]$ 的消费者在两阶段都接入平台企业 B,但均衡时是否存在消费者转移购买行为,取决于 Ψ、Ω 与 θ_* 的相对大小。

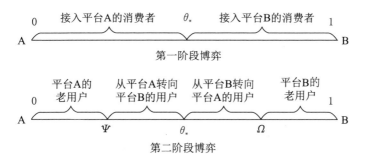

图 3-1　直接网络外部性主导的平台企业 BBPD 定价行为博弈示意图

利用逆向归纳法求解如下：

1. 第二阶段定价

对消费者而言，当其在第一阶段接入平台企业 A 时，他在第二阶段仍将接入平台企业 A，只要下式满足：

$$V + \alpha \times n_A^{e,2} - \theta - p_A^{2,o} \geqslant V + \alpha \times n_B^{e,2} - (1-\theta) - p_B^{2,n}$$

由此可得：

$$\theta \leqslant \frac{\alpha \times n_A^{e,2} - \alpha \times n_B^{e,2} + 1 - p_A^{2,o} + p_B^{2,n}}{2} = \Psi$$

即对第一阶段接入平台企业 A 的消费者而言，当其偏好位于区间 $[0, \Psi]$ 时，在第二阶段仍旧接入平台企业 A，当其偏好位于区间 $[\Psi, \theta_*]$ 时，在第二阶段转向平台企业 B。

同理，对在第一阶段接入平台企业 B 的消费者而言，他在第二阶段仍将接入 B，当如下条件满足时：

$$V + \alpha \times n_A^{e,2} - \theta - p_A^{2,n} \leqslant V + \alpha \times n_B^{e,2} - (1-\theta) - p_B^{2,o}$$

由此可得：

$$\Omega = \frac{\alpha \times n_A^{e,2} - \alpha \times n_B^{e,2} + 1 - p_A^{2,n} + p_B^{2,o}}{2} \leqslant \theta$$

即对于第一阶段接入平台企业 B 的消费者而言，当其偏好位于区间 $[\theta_*, \Omega]$ 时，在第二阶段将转向平台企业 A，当其偏好位于区间 $[\Omega, 1]$ 时，在第二阶段仍将接入平台企业 B。

由此可知，在第二阶段接入平台企业 A 的消费者包括两类：一类是平台企业 A 的老客户，即在两阶段均接入平台企业 A 的消费者；另一类是平台企业 A 的新客户，即第一阶段接入平台企业 B 第二阶段转向平台企业 A 的消费者。同理，第二阶段接入平台企业 B 的消费者也包括新老客户两类。

由于消费者具有理性预期，代表性消费者预期接入平台企业 A、B 的消费者数量分别为：

$$n_A^{e,\,2} = \Psi + \Omega - \theta_*$$

$$n_B^{e,\,2} = 1 - \Psi - \Omega + \theta_*$$

联立上述方程可得：

$$\Psi = \frac{\left[(1-\alpha-2\alpha\times\theta_*)+(1-\alpha)(p_B^{2,\,n}-p_A^{2,\,o})+\alpha\times(p_B^{2,\,o}-p_A^{2,\,n})\right]}{2(1-2\alpha)}$$

$$\Omega = \frac{\left[(1-\alpha-2\alpha\times\theta_*)+(1-\alpha)(p_B^{2,\,o}-p_A^{2,\,n})+\alpha\times(p_B^{2,\,n}-p_A^{2,\,o})\right]}{2(1-2\alpha)}$$

由于两平台企业在第一阶段没有进行价格承诺，因此在第二阶段，两平台企业分别对其新老客户定价 $p_A^{2,\,n}$、$p_A^{2,\,o}$ 及 $p_B^{2,\,n}$、$p_B^{2,\,o}$ 以实现该阶段利润最大化：

$$\max_{p_A^{2,\,n},\,p_A^{2,\,o}} \left[\Psi\times(p_A^{2,\,o}-c)+(\Omega-\theta_*)\times(p_A^{2,\,n}-c)\right]$$

$$\max_{p_B^{2,\,n},\,p_B^{2,\,o}} \left[(1-\Omega)\times(p_B^{2,\,o}-c)+(\theta_*-\Psi)\times(p_B^{2,\,n}-c)\right]$$

对该利润最大化问题求解，可得两平台企业在第二阶段对其新老客户定价分别为：

$$p_A^{2,\,n} = c - \alpha - \frac{4\theta_*}{3} + 1 \tag{3-1}$$

$$p_A^{2,\,o} = c - \alpha + \frac{2\theta_*}{3} + \frac{1}{3} \tag{3-2}$$

$$p_B^{2,\,n} = c - \alpha + \frac{4\theta_*}{3} - \frac{1}{3} \tag{3-3}$$

$$p_B^{2,\,o} = c - \alpha - \frac{2\theta_*}{3} + 1 \tag{3-4}$$

对上述第二阶段定价进行分析可以发现，在 BBPD 且无价格承诺时：

（1）由于存在直接网络外部性，平台企业第二阶段对新老客户定价与其第一阶段所获市场份额相关。这与弗登伯格和梯若尔（Fudenberg & Tirole，2000）、陈和皮尔西（Chen & Pearcy，2010）等人的研究结果相同，但与蒋传海（2010）的结论不同，蒋传海（2010）认为企业第二阶段对新老客户定价与其第一阶段所获市场份额无关，其原因在于蒋传海（2010）假设消费者两期位置完全独立，而本章假设消费者跨期偏好完全相同。

（2）平台企业第一阶段市场份额增加将导致其对老客户定价递增，对新客户定价递减。其原因在于，当消费者选择接入某平台企业时，其效用受自身偏好、网络外部性及平台企业定价三重影响。随着平台企业一阶段市场份额不断增加，新接入该平台企业的消费者对其偏好将不断减弱，该效果超过消费者接入该平台企业所能获得的网络外部性，因此，随着平台企业第一阶段市场份额增加，平台企业必须对其新客户不断降低定价以吸引更多消费者转移；此时，老客户所获网络外部性随平台企业一阶段市场份额增加而增加，且该网络外部性超过消费者对平台企业偏好减弱的效果，因而随着平台企业一阶段市场份额不断增加，其对老客户将收取越来越高的费用。

（3）受 BBPD 定价行为影响，对在第一阶段竞争中市场份额超过 $\frac{1}{3}$ 的平台企业而言，其在竞争中具有一定优势，因而在第二阶段将对其新客户收取相对较低的费用以不断开拓市场，而对于在第一阶段占有市场份额小于 $\frac{1}{3}$ 的平台企业而言，其在竞争中处于绝对劣势，因而将在第二阶段对老客户收取较低的费用以不断巩固自身市场范围、防止被逐出市场。但通过后面分析可知，在均衡时两平台企业平分市场，因而都将奖励其新客户。

2. 第一阶段定价

在第一阶段，具有理性预期的消费者在选择接入某平台企业时将考虑到上述第二阶段定价,并以其在两阶段预期效用折现和最大为目标来选择要接入的平台企业。

此时,对于位于一阶段临界点 θ_* 的消费者,在以下两种情况下获得预期效用折现和无差异:(1)第一阶段接入平台企业 A,第二阶段接入平台企业 B;(2)第一阶段接入平台企业 B,第二阶段接入平台企业 A。

对前一种情况,该临界消费者预期效用折现和为:

$$E(u_A) = V + \alpha \times n_A^{e,1} - \theta_* - p_A^1 + [V + \alpha \times n_B^{e,2} - (1-\theta_*) - p_B^{2,n}]$$

对于后一种情况,该临界消费者预期效用折现和为:

$$E(u_B) = V + \alpha \times n_B^{e,1} - (1-\theta_*) - p_B^1 + (V + \alpha \times n_A^{e,2} - \theta_* - p_A^{2,n})$$

其中,$n_A^{e,1}$、$n_B^{e,1}$ 分别表示第一阶段接入平台企业 A、B 的预期消费者数量,由此,$n_A^{e,1} = \theta_*$、$n_B^{e,1} = 1-\theta_*$。$n_A^{e,2}$、$n_B^{e,2}$ 分别表示第二阶段接入平台企业 A、B 的预期消费者数量,其表达式如前所述。

令上述两式相等可得:

$$\theta_* = \frac{1}{2} + \frac{3(2\alpha-1)(p_A^1 - p_B^1)}{6(2\alpha-1)(\alpha-1) - 2(3\alpha-1)}$$

此时,偏好位于区间 $[0, \theta_*]$ 的消费者接入平台企业 A,位于区间 $[\theta_*, 1]$ 的消费者接入平台企业 B,A、B 两平台企业在第一阶段同时选择 p_A^1、p_B^1,以使其两阶段预期利润折现和最大,即:

$$\max_{p_A^1}\{\theta_* \times (p_A^1-c) + [\Psi \times (p_A^{2,o}-c) + (\Omega - \theta_*) \times (p_A^{2,n}-c)]\}$$

$$\max_{p_B^1}\{(1-\theta_*)(p_B^1-c) + [(1-\Omega)(p_B^{2,o}-c) + (\theta_* - \Psi)(p_B^{2,n}-c)]\}$$

对该利润最大化问题求解可得:

机制 3.2 当两平台企业采用 BBPD 且无价格承诺时,其在第一阶段对消费者定价分别为:

$$p_A^1 = p_B^1 = c - \alpha + 1 + \frac{(3\alpha-1)}{3(2\alpha-1)}$$

其在第二阶段对新老客户定价分别为:

$$p_A^{2,n} = p_B^{2,n} = c - \alpha + \frac{1}{3}$$

$$p_A^{2,o} = p_B^{2,o} = c - \alpha + \frac{2}{3}$$

此时, $\theta_* = \frac{1}{2}$, $n_A^{e,2} = n_B^{e,2} = \frac{1}{2}$, $\Psi = \frac{1}{3}$, $\Omega = \frac{2}{3}$。

由该机制可知,在每一阶段两平台企业都平分市场。在第一阶段,偏好位于区间 $\left[0, \frac{1}{2}\right]$ 的消费者接入平台企业 A,偏好位于区间 $\left[\frac{1}{2}, 1\right]$ 的消费者接入平台企业 B;在第二阶段,偏好位于区间 $\left[0, \frac{1}{3}\right]$ 的消费者继续接入平台企业 A,偏好位于区间 $\left[\frac{1}{3}, \frac{1}{2}\right]$ 的消费者转向平台企业 B,偏好位于区间 $\left[\frac{1}{2}, \frac{2}{3}\right]$ 的消费者转向平台企业 A,偏好位于区间 $\left[\frac{2}{3}, 1\right]$ 的消费者继续接入平台企业 B。由此,在第二阶段每个平台企业都获得 $\frac{1}{3}$ 的老客户及 $\frac{1}{6}$ 的新客户。

由机制 3.2 及前述推导过程可以得出:

命题 3.1 在平台企业采用 BBPD 且无价格承诺情况下,均衡时:

(1) 与无价格歧视时定价相比,若 $\frac{(3\alpha - 1)}{(2\alpha - 1)} \geq 0$,则平台企业第一阶段定价高于无价格歧视时定价,这将缓和第一阶段两平台企业间竞争,反之,将加剧第一阶段两平台企业间竞争。

(2) 平台企业第二阶段对所有客户定价都低于无价格歧视时定价,且与老客户定价相比,两平台企业对新客户定价均较低,这将加剧第二阶段两平台企业间竞争。

（3）平台企业第二阶段定价与其第一阶段市场份额有关，且对老客户定价随一阶段市场份额增加而递增，新客户则随其递减。

（4）在第一阶段消费者对平台企业产品/服务的需求弹性为 $\left|\dfrac{3(2\alpha-1)}{6(2\alpha-1)(\alpha-1)-2(3\alpha-1)}\right|$，由此，若 $\left|\dfrac{3(2\alpha-1)}{3(2\alpha-1)(\alpha-1)-(3\alpha-1)}\right| > \dfrac{1}{(1-\alpha)}$，则其需求弹性高于无价格歧视时，反之则低于。

从机制 3.2 及命题 3.1 可以看到：第一，在平台企业采用 BBPD 且无价格承诺时，平台企业在第二阶段将对新客户提供较低价格以吸引其转移，这加剧了平台企业第二阶段竞争，使其对新老客户定价均低于统一定价。就此而言，这与陈勇民（Chen，1997）、陈和皮尔西（Chen & Pearcy，2010）及弗登伯格和梯若尔（Fudenberg & Tirole，2000）结果相同，但与蒋传海（2010）研究又有不同之处，蒋传海（2010）认为第二阶段老客户定价高于统一定价，对新客户定价低于统一定价，出现这一现象的原因在于本章对消费者跨期偏好的假定与其模型假设不同。第二，直接网络外部性的存在将加剧第二阶段平台企业间竞争，且当直接网络外部性参数较大时，第二阶段对新老客户定价可能出现低于边际成本，甚至补贴的情况。但直接网络外部性对第一阶段平台企业间竞争的影响难以确定，若 $\alpha<\dfrac{1}{3}\cup\alpha>\dfrac{1}{2}$，加剧一阶段两平台企业间竞争，若 $\dfrac{1}{3}<\alpha<\dfrac{1}{2}$，则缓和一阶段两平台企业间竞争，若 $\alpha=\dfrac{1}{3}$，则对一阶段两平台企业间竞争无影响。

三、BBPD 且有价格承诺

在此情况下，平台企业 i 在第一阶段为其第一阶段消费者设定定价 $\widetilde{p_i^1}$，并承诺对其第二阶段老客户设定价格 $\widetilde{p_i^{2,o}}$，在第二阶段，对新客户设定价格 $\widetilde{p_i^{2,n}}$。博弈过程如上节所述。

1. 第二阶段定价

在给定第一阶段定价 $\widetilde{p_1^1}$ 情况下,存在第一阶段临界点 $\widetilde{\theta_*}$,使得偏好位于区间 $[0, \widetilde{\theta_*}]$ 的消费者接入平台企业 A,偏好位于区间 $[\widetilde{\theta_*}, 1]$ 的消费者接入平台企业 B。

如上节所述,对于第一阶段接入平台企业 A 的消费者而言,当下式满足时,他在第二阶段仍将接入平台企业 A。

$$\theta \leqslant \frac{\alpha \times \widetilde{n_A^{e,2}} - \alpha \times \widetilde{n_B^{e,2}} + 1 - \widetilde{p_A^{2,o}} + \widetilde{p_B^{2,n}}}{2} = \widetilde{\Psi}$$

对于第一阶段接入平台企业 B 的消费者而言,当满足如下条件时,其在第二阶段仍将接入平台企业 B。

$$\widetilde{\Omega} = \frac{\alpha \times \widetilde{n_A^{e,2}} - \alpha \times \widetilde{n_B^{e,2}} + 1 - \widetilde{p_A^{2,n}} + \widetilde{p_B^{2,o}}}{2} \leqslant \theta$$

但是否存在消费者转移购买行为,取决于均衡时 $\widetilde{\Psi}$、$\widetilde{\Omega}$ 与 $\widetilde{\theta_*}$ 的相对大小。

此时,在第二阶段两平台企业用户均包括老客户、新客户两类。由于用户具有理性预期,因此可得:

$$\widetilde{n_A^{e,2}} = \frac{1 - \alpha - \widetilde{\theta_*}}{(1-2\alpha)} + \frac{\widetilde{p_B^{2,n}} + \widetilde{p_B^{2,o}} - \widetilde{p_A^{2,o}} - \widetilde{p_A^{2,n}}}{2(1-2\alpha)}$$

$$\widetilde{n_B^{e,2}} = 1 - \widetilde{n_A^{e,2}}$$

将其代入上述 $\widetilde{\Psi}$、$\widetilde{\Omega}$ 表达式可得:

$$\widetilde{\Psi} = \frac{[(1-\alpha-2\alpha \times \widetilde{\theta_*}) + (1-\alpha) \times (\widetilde{p_B^{2,n}} - \widetilde{p_A^{2,o}}) + \alpha \times (\widetilde{p_B^{2,o}} - \widetilde{p_A^{2,n}})]}{2(1-2\alpha)}$$

$$\widetilde{\Omega} = \frac{[(1-\alpha-2\alpha \times \widetilde{\theta_*}) + (1-\alpha) \times (\widetilde{p_B^{2,o}} - \widetilde{p_A^{2,n}}) + \alpha \times (\widetilde{p_B^{2,n}} - \widetilde{p_A^{2,o}})]}{2(1-2\alpha)}$$

由于平台企业在第一阶段对其第二阶段老客户进行价格承诺,因此,在第二阶段两平台企业仅需对新客户进行定价。此时,该利润最大化问题变为：

$$\max_{\widetilde{p_A^{2,n}}}\left[\widetilde{\Psi}\times(\widetilde{p_A^{2,o}}-c)+(\widetilde{\Omega}-\widetilde{\theta_*})\times(\widetilde{p_A^{2,n}}-c)\right]$$

$$\max_{\widetilde{p_B^{2,n}}}\left[(1-\widetilde{\Omega})\times(\widetilde{p_B^{2,o}}-c)+(\widetilde{\theta_*}-\widetilde{\Psi})\times(\widetilde{p_B^{2,n}}-c)\right]$$

对该利润最大化问题求解可得：

$$\widetilde{p_A^{2,n}}=$$

$$\frac{2(1-\alpha)c+\alpha c+(3\alpha^2-5\alpha+2)(1-2\widetilde{\theta_*})+3\alpha(\alpha-1)\widetilde{p_A^{2,o}}+2(1-2\alpha)\widetilde{p_B^{2,o}}}{3\alpha^2-8\alpha+4}$$

$$(3-5)$$

$$\widetilde{p_B^{2,n}}=$$

$$\frac{2(1-\alpha)c+\alpha c-(3\alpha^2-5\alpha+2)(1-2\widetilde{\theta_*})+2(1-2\alpha)\widetilde{p_A^{2,o}}+3\alpha(\alpha-1)\widetilde{p_B^{2,o}}}{3\alpha^2-8\alpha+4}$$

$$(3-6)$$

对上述定价进行分析可以发现：当平台企业选择 BBPD 且有价格承诺时，平台企业在第二阶段对新客户定价将随其第一阶段市场份额的增加而减少，其原因如上节所述，这与陈和皮尔西（Chen & Pearcy，2010）的结果相同，由于陈勇民（Chen，1997）、弗登伯格和梯若尔（Fudenberg & Tirole，2000）及蒋传海（2010）等未考虑价格承诺，因此该结果无法与之比较。

2. 第一阶段定价

如上节所述，对于位于一阶段临界点$\widetilde{\theta_*}$的消费者，将在以下两种情况之间无差异：（1）第一阶段接入平台企业 A 第二阶段接入平台企业 B；（2）第一阶段接入平台企业 B 第二阶段接入平台企业 A。

对前一种情况，该临界消费者预期效用折现和为：

$$E(u_A)=V+\alpha\times\widetilde{n_A^{e,1}}-\widetilde{\theta_*}-\widetilde{p_A^1}+\left[V+\alpha\times\widetilde{n_B^{e,2}}-(1-\widetilde{\theta_*})-\widetilde{p_B^{2,n}}\right]$$

对后一种情况，该临界消费者预期效用折现和为：

$$E(u_B)=V+\alpha\times\widetilde{n_B^{e,1}}-(1-\widetilde{\theta_*})-\widetilde{p_B^1}+(V+\alpha\times\widetilde{n_A^{e,2}}-\widetilde{\theta_*}-\widetilde{p_A^{2,n}})$$

其中，$\widetilde{n_A^{e,1}}$、$\widetilde{n_B^{e,1}}$分别为第一阶段接入平台企业 A、B 的预期消费者数量，由此，$\widetilde{n_A^{e,1}}=\widetilde{\theta_*}$、$\widetilde{n_B^{e,1}}=1-\widetilde{\theta_*}$。$\widetilde{n_A^{e,2}}$、$\widetilde{n_B^{e,2}}$分别为第二阶段接入平台企业 A、B 的预期消费者数量，表达式如前所述。

令上述两式相等，可得：

$$\widetilde{\theta_*}=\frac{1}{2}-\frac{(2\alpha-1)\big[(\widetilde{p_A^1}-\widetilde{p_B^1})(\alpha-2)-(\widetilde{p_A^{2,o}}-\widetilde{p_B^{2,o}})\big]}{2(\alpha-1)[\alpha-(\alpha-2)(2\alpha-1)]}$$

此时，位于区间$[0,\widetilde{\theta_*}]$的消费者接入平台企业 A，位于区间$[\widetilde{\theta_*},1]$的消费者接入平台企业 B。两平台企业在第一阶段同时选择$(\widetilde{p_A^1},\widetilde{p_A^{2,o}})$、$(\widetilde{p_B^1},\widetilde{p_B^{2,o}})$以实现其预期利润折现和最大，即：

$$\max_{\widetilde{p_A^1},\ \widetilde{p_A^{2,o}}}\{\widetilde{\theta_*}\times(\widetilde{p_A^1}-c)+[\widetilde{\Psi}\times(\widetilde{p_A^{2,o}}-c)+(\widetilde{\Omega}-\widetilde{\theta_*})\times(\widetilde{p_A^{2,n}}-c)]\}$$

$$\max_{\widetilde{p_B^1},\ \widetilde{p_B^{2,o}}}\{(1-\widetilde{\theta_*})\times(\widetilde{p_B^1}-c)+[(1-\widetilde{\Omega})\times(\widetilde{p_B^{2,o}}-c)+(\widetilde{\theta_*}-\widetilde{\Psi})$$
$$\times(\widetilde{p_B^{2,n}}-c)]\}$$

对该利润最大化问题求解可得：

机制 3.3 当平台企业选择 BBPD 且有价格承诺时，两平台企业第一阶段对用户定价为：

$$\widetilde{p_A^1}=\widetilde{p_B^1}=c+1-\alpha+\frac{3\alpha(\alpha-1)^2}{(2\alpha-1)(9\alpha^2-16\alpha+8)}$$

在第一阶段对第二阶段老客户的承诺定价为：

$$\widetilde{p_A^{2,o}}=\widetilde{p_B^{2,o}}=c-\frac{(9\alpha^2-12\alpha+4)(\alpha-1)}{(9\alpha^2-16\alpha+8)}$$

在第二阶段对新客户的定价为：

$$\widetilde{p_A^{2,n}}=\widetilde{p_B^{2,n}}=c-\frac{(3\alpha-1)(3\alpha-2)(\alpha-1)}{(9\alpha^2-16\alpha+8)}$$

在每一阶段,两个平台企业都平分市场,即 $\widetilde{\theta_*}=\dfrac{1}{2}$,$\widetilde{n_A^{e_*}}^2=\dfrac{1}{2}$,

此时,$\widetilde{\Psi}=\dfrac{1}{2}-\dfrac{(\alpha-1)(3\alpha-2)}{2(9\alpha^2-16\alpha+8)}$,$\widetilde{\Omega}=\dfrac{1}{2}+\dfrac{(\alpha-1)(3\alpha-2)}{2(9\alpha^2-16\alpha+8)}$。

由此,当 $0<\widetilde{\Psi}<\widetilde{\theta_*}$,即 $0<\alpha<\dfrac{2}{3}$ 时,则第二阶段博弈中存在消费者转移购买行为,当 $\widetilde{\theta_*}<\widetilde{\Psi}<1$,即 $\dfrac{2}{3}<\alpha<1$ 时,在第二阶段并不存在消费者转移购买行为。

由上述分析可知,与平台企业选择 BBPD 且无价格承诺时不同,当其有价格承诺时,在第二阶段博弈中,并不一定存在消费者转移购买行为,此时有:

(1) 若 $0<\alpha<\dfrac{2}{3}$,则第二阶段存在消费者转移购买行为,偏好位于区间 $[0,\widetilde{\Psi}]$ 的用户两阶段都接入平台企业 A,偏好位于区间 $\left[\widetilde{\Psi},\dfrac{1}{2}\right]$ 的用户第一阶段接入平台企业 A 并在第二阶段转向平台企业 B,偏好位于区间 $\left[\dfrac{1}{2},\widetilde{\Omega}\right]$ 的用户第一阶段接入平台企业 B 并在第二阶段转向平台企业 A,偏好位于区间 $[\widetilde{\Omega},1]$ 的用户两阶段都接入平台企业 B。由此,在第二阶段每个平台企业都获得 $\dfrac{1}{2}-\dfrac{(\alpha-1)(3\alpha-2)}{2(9\alpha^2-16\alpha+8)}$ 的老客户,及 $\dfrac{(\alpha-1)(3\alpha-2)}{2(9\alpha^2-16\alpha+8)}$ 的新客户。

(2) 若 $\dfrac{2}{3}<\alpha<1$,则第二阶段不存在消费者转移购买行为,此时,偏好位于区间 $\left[0,\dfrac{1}{2}\right]$ 的消费者两阶段都选择平台企业 A,偏好位于区间 $\left[\dfrac{1}{2},1\right]$ 的消费者两阶段都选择平台企业 B。

由机制 3.3 及前述推导过程可知:

命题 3.2 在平台企业采用 BBPD 且有价格承诺情况下,均衡时:

(1) 在第二阶段博弈中,并不一定存在消费者转移购买行为。

(2) 若 $\alpha \in \left(\frac{1}{2}, 1\right)$,则平台企业第一阶段定价高于统一定价,此时缓和平台企业间竞争,若 $\alpha \in \left(0, \frac{1}{2}\right)$,则平台企业第一阶段定价低于统一定价,此时加剧平台企业间竞争。

(3) 平台企业第二阶段对老客户定价低于统一定价;若 $\alpha \in \left(\frac{6}{7}, 1\right)$,则第二阶段对新客户定价高于统一定价,将缓和两平台企业间竞争;若 $\alpha \in \left(0, \frac{6}{7}\right)$ 且 $\alpha \neq \frac{1}{2}$,则第二阶段对新客户定价低于统一定价,将加剧两平台企业间竞争;若 $\alpha = \frac{6}{7}$,则第二阶段对新客户定价等于统一定价。

(4) 若 $\alpha \in \left(0, \frac{2}{3}\right)$ 且 $\alpha \neq \frac{1}{2}$,则相对于新客户而言,平台企业将对其老客户制定较高价格,此时两平台企业均有 $\frac{(\alpha-1)(3\alpha-2)}{2(9\alpha^2-16\alpha+8)}$ 的用户转向对方平台企业;若 $\alpha \in \left(\frac{2}{3}, 1\right)$,则对老客户制定较低价格,此时无用户转移;当 $\alpha = \frac{2}{3}$ 时,对新老客户定价相同。

(5) 在第一阶段消费者对平台企业产品/服务的需求弹性为 $\left| \frac{(\alpha-2)(2\alpha-1)}{2(\alpha-1)[\alpha-(\alpha-2)(2\alpha-1)]} \right|$,由此,若 $\left| \frac{(\alpha-2)(2\alpha-1)}{(\alpha-1)[\alpha-(\alpha-2)(2\alpha-1)]} \right| > \frac{1}{(1-\alpha)}$,则其需求弹性高于无价格歧视时,反之则低于。

由机制 3.3 及命题 3.2 可以发现:在 BBPD 且有价格承诺时,该策略对两阶段竞争及定价机制的影响,均随消费者网络外部性的变化而变化,难以明确界定,而卡米纳尔和马图特斯(Caminal & Matutes,1990)及陈和皮尔西(Chen & Pearcy,2010)等认为 BBPD 且有价格承诺将加剧企业间竞争、导致对新客户优惠,出现该差异的原因在于本章考虑直接网络外部性而前述文献并未考虑。

第四节　市场绩效分析

本部分主要分析上述三种定价机制下,均衡时平台企业利润、消费者剩余、社会福利及其随网络外部性变化情况。

一、平台企业利润分析

(1)由机制 3.1 及无价格歧视时的分析可知,当平台企业无价格歧视时,两平台企业每阶段都获得相同利润:

$$\pi_{A,1} = \pi_{A,2} = \frac{1}{2}(1-\alpha)$$

$$\pi_{B,1} = \pi_{B,2} = \frac{1}{2}(1-\alpha)$$

其两阶段利润折现和均为:

$$\pi_{A,u} = \pi_{B,u} = (1-\alpha)$$

(2)由机制 3.2 及对平台企业选择 BBPD 且无价格承诺时的分析可知,两平台企业在第一阶段利润分别为:

$$\pi_{A,1} = \theta_* \times (p_A^1 - c) = \frac{1}{2}\left[\frac{(3\alpha-1)}{3(2\alpha-1)} - \alpha + 1\right]$$

$$\pi_{B,1} = (1-\theta_*) \times (p_B^1 - c) = \frac{1}{2}\left[\frac{(3\alpha-1)}{3(2\alpha-1)} - \alpha + 1\right]$$

两平台企业在第二阶段利润分别为:

$$\pi_{A,2} = \Psi \times (p_A^{2,o} - c) + (\Omega - \theta_*) \times (p_A^{2,n} - c) = \frac{5}{18} - \frac{1}{2}\alpha$$

$$\pi_{B,2} = (1-\Omega) \times (p_B^{2,o} - c) + (\theta_* - \Psi) \times (p_B^{2,n} - c) = \frac{5}{18} - \frac{1}{2}\alpha$$

由此,当两平台企业选择 BBPD 且无价格承诺时,其两阶段期望利润折现和为:

$$\pi_A = \pi_{A,1} + \pi_{A,2} = \frac{(3\alpha-1)}{6(2\alpha-1)} - \alpha + \frac{7}{9}$$

$$\pi_B = \pi_{B,1} + \pi_{B,2} = \frac{(3\alpha-1)}{6(2\alpha-1)} - \alpha + \frac{7}{9}$$

(3) 由机制 3.3 及对平台企业选择 BBPD 且有价格承诺时的分析可知,

① 在第二阶段存在用户转移情况下,两平台企业在第一阶段所获利润分别为:

$$\widetilde{\pi_{A,1}} = \widetilde{\theta_*} \times (\widetilde{p_A^1} - c) = \frac{1}{2}\left[1 - \alpha + \frac{3\alpha(\alpha-1)^2}{(2\alpha-1)(9\alpha^2-16\alpha+8)}\right]$$

$$\widetilde{\pi_{B,1}} = (1-\widetilde{\theta_*}) \times (\widetilde{p_B^1} - c) = \frac{1}{2}\left[1 - \alpha + \frac{3\alpha(\alpha-1)^2}{(2\alpha-1)(9\alpha^2-16\alpha+8)}\right]$$

两平台企业在第二阶段获得利润分别为:

$$\widetilde{\pi_{A,2}} = \widetilde{\Psi} \times (\widetilde{p_A^{2,o}} - c) + (\widetilde{\Omega} - \widetilde{\theta_*}) \times (\widetilde{p_A^{2,n}} - c)$$

$$= \left[\frac{(3\alpha^2-4\alpha+2)}{(9\alpha^2-16\alpha+8)} - \frac{(3\alpha-1)}{2} - \frac{(3\alpha-2)}{2(9\alpha^2-16\alpha+8)}\right]\frac{(3\alpha-2)(\alpha-1)}{(9\alpha^2-16\alpha+8)}$$

$$\widetilde{\pi_{B,2}} = (1-\widetilde{\Omega}) \times (\widetilde{p_B^{2,o}} - c) + (\widetilde{\theta_*} - \widetilde{\Psi}) \times (\widetilde{p_B^{2,n}} - c)$$

$$= \left[\frac{(3\alpha^2-4\alpha+2)}{(9\alpha^2-16\alpha+8)} - \frac{(3\alpha-1)}{2} - \frac{(3\alpha-2)}{2(9\alpha^2-16\alpha+8)}\right]\frac{(3\alpha-2)(\alpha-1)}{(9\alpha^2-16\alpha+8)}$$

由此,两平台企业两阶段期望利润折现和为:

$$\widetilde{\pi_A} = \widetilde{\pi_{A,1}} + \widetilde{\pi_{A,2}} = \frac{1}{2}\left[1 - \alpha + \frac{3\alpha(\alpha-1)^2}{(2\alpha-1)(9\alpha^2-16\alpha+8)}\right]$$

$$+ \left[\frac{(3\alpha^2-4\alpha+2)}{(9\alpha^2-16\alpha+8)} - \frac{(3\alpha-1)}{2} - \frac{(3\alpha-2)}{2(9\alpha^2-16\alpha+8)}\right]\frac{(3\alpha-2)(\alpha-1)}{(9\alpha^2-16\alpha+8)}$$

$$\widetilde{\pi_B} = \widetilde{\pi_{B,1}} + \widetilde{\pi_{B,2}} = \frac{1}{2}\left[1 - \alpha + \frac{3\alpha(\alpha-1)^2}{(2\alpha-1)(9\alpha^2-16\alpha+8)}\right]$$
$$+ \left[\frac{(3\alpha^2-4\alpha+2)}{(9\alpha^2-16\alpha+8)} - \frac{(3\alpha-1)}{2} - \frac{(3\alpha-2)}{2(9\alpha^2-16\alpha+8)}\right]\frac{(3\alpha-2)(\alpha-1)}{(9\alpha^2-16\alpha+8)}$$

② 在第二阶段不存在用户转移情况下,两平台企业在第一阶段获得利润分别为:

$$\widetilde{\pi_{A,1}} = \widetilde{\theta_*} \times (\widetilde{p_A^1} - c) = \frac{1}{2}\left[1 - \alpha + \frac{3\alpha(\alpha-1)^2}{(2\alpha-1)(9\alpha^2-16\alpha+8)}\right]$$

$$\widetilde{\pi_{B,1}} = (1 - \widetilde{\theta_*}) \times (\widetilde{p_B^1} - c) = \frac{1}{2}\left[1 - \alpha + \frac{3\alpha(\alpha-1)^2}{(2\alpha-1)(9\alpha^2-16\alpha+8)}\right]$$

两平台企业在第二阶段获得利润分别为:

$$\widetilde{\pi_{A,2}} = \widetilde{n_A^{e,2}} \times (\widetilde{p_A^{2,o}} - c) = \frac{(9\alpha^2-12\alpha+4)(1-\alpha)}{2(9\alpha^2-16\alpha+8)}$$

$$\widetilde{\pi_{B,2}} = \widetilde{n_B^{e,2}} \times (\widetilde{p_B^{2,o}} - c) = \frac{(9\alpha^2-12\alpha+4)(1-\alpha)}{2(9\alpha^2-16\alpha+8)}$$

此时,两平台企业两阶段期望利润折现和为:

$$\widetilde{\pi_A} = \widetilde{\pi_{A,1}} + \widetilde{\pi_{A,2}} = \frac{1}{2}\left[1 - \alpha + \frac{3\alpha(\alpha-1)^2}{(2\alpha-1)(9\alpha^2-16\alpha+8)}\right]$$
$$+ \frac{(9\alpha^2-12\alpha+4)(1-\alpha)}{2(9\alpha^2-16\alpha+8)}$$

$$\widetilde{\pi_B} = \widetilde{\pi_{B,1}} + \widetilde{\pi_{B,2}} = \frac{1}{2}\left[1 - \alpha + \frac{3\alpha(\alpha-1)^2}{(2\alpha-1)(9\alpha^2-16\alpha+8)}\right]$$
$$+ \frac{(9\alpha^2-12\alpha+4)(1-\alpha)}{2(9\alpha^2-16\alpha+8)}$$

二、消费者剩余分析

(1) 由机制 3.1 及平台企业无价格歧视时的分析可知,当平台企业不进行价格歧视时,每一阶段消费者剩余均为:

$$CS = \int_0^{\frac{1}{2}} (V + \alpha \times n_A^u - \theta - p_A^u) d\theta$$

$$+ \int_{\frac{1}{2}}^1 [V + \alpha \times n_B^u - (1 - \theta) - p_B^u] d\theta$$

$$= V + \frac{3}{2}\alpha - c - \frac{5}{4}$$

则两阶段消费者剩余折现和为:

$$CS_u = 2V + 3\alpha - 2c - \frac{5}{2}$$

(2)由机制 3.2 及平台企业选择 BBPD 且无价格承诺时的分析可知,此时,第一阶段消费者剩余为:

$$CS_1 = \int_0^{\frac{1}{2}} (V + \alpha \times n_A^{e,1} - \theta - p_A^1) d\theta$$

$$+ \int_{\frac{1}{2}}^1 [V + \alpha \times n_B^{e,1} - (1 - \theta) - p_B^1] d\theta$$

$$= V + \frac{3}{2}\alpha - c - \frac{(3\alpha - 1)}{3(2\alpha - 1)} - \frac{5}{4}$$

第二阶段消费者剩余为:

$$CS_2 = \int_0^{\frac{1}{3}} (V + \alpha \times n_A^{e,2} - \theta - p_A^{2,o}) d\theta$$

$$+ \int_{\frac{1}{3}}^{\frac{1}{2}} [V + \alpha \times n_B^{e,2} - (1 - \theta) - p_B^{2,n}] d\theta$$

$$+ \int_{\frac{1}{2}}^{\frac{2}{3}} (V + \alpha \times n_A^{e,2} - \theta - p_A^{2,n}) d\theta$$

$$+ \int_{\frac{2}{3}}^1 [V + \alpha \times n_B^{e,2} - (1 - \theta) - p_B^{2,o}] d\theta$$

$$= V + \frac{3}{2}\alpha - c - \frac{31}{36}$$

由此,两阶段消费者剩余折现和为:

$$CS=CS_1+CS_2=2V+3\alpha-\frac{(3\alpha-1)}{3(2\alpha-1)}-2c-\frac{19}{9}$$

（3）由机制 3.3 及平台企业选择 BBPD 且有价格承诺时的分析可知，

① 第二阶段有用户转移时，第一阶段消费者剩余为：

$$\widetilde{CS_1}=\int_0^{\frac{1}{2}}(V+\alpha\times\widetilde{n_A^{e,1}}-\theta-\widetilde{p_A^1})d\theta$$

$$+\int_{\frac{1}{2}}^1[V+\alpha\times\widetilde{n_B^{e,1}}-(1-\theta)-\widetilde{p_B^1}]d\theta$$

$$=V+\frac{3}{2}\alpha-c-\frac{3\alpha(\alpha-1)^2}{(2\alpha-1)(9\alpha^2-16\alpha+8)}-\frac{5}{4}$$

第二阶段消费者剩余为：

$$\widetilde{CS_2}=\int_0^{\widetilde{\Psi}}(V+\alpha\times\widetilde{n_A^{e,2}}-\theta-\widetilde{p_A^{2,o}})d\theta$$

$$+\int_{\widetilde{\Psi}}^{\widetilde{\theta^*}}[V+\alpha\times\widetilde{n_B^{e,2}}-(1-\theta)-\widetilde{p_B^{2,n}}]d\theta$$

$$+\int_{\widetilde{\theta^*}}^{\widetilde{\Omega}}(V+\alpha\times\widetilde{n_A^{e,2}}-\theta-\widetilde{p_A^{2,n}})d\theta$$

$$+\int_{\widetilde{\Omega}}^1[V+\alpha\times\widetilde{n_B^{e,2}}-(1-\theta)-\widetilde{p_B^{2,o}}]d\theta$$

$$=V+(\widetilde{\Omega}-\widetilde{\Psi}+3\alpha-2)\frac{(3\alpha-2)(\alpha-1)}{(9\alpha^2-16\alpha+8)}+\frac{\alpha}{2}-c$$

$$+\widetilde{\Psi}(1-\widetilde{\Psi})+\widetilde{\Omega}(1-\widetilde{\Omega})-\frac{3}{4}$$

则两阶段消费者剩余折现和为：

$$\widetilde{CS}=\widetilde{CS_1}+\widetilde{CS_2}=2V+2\alpha-2c-\frac{3\alpha(\alpha-1)^2}{(2\alpha-1)(9\alpha^2-16\alpha+8)}-2$$

$$+(\widetilde{\Omega}-\widetilde{\Psi}+3\alpha-2)\frac{(3\alpha-2)(\alpha-1)}{(9\alpha^2-16\alpha+8)}+\widetilde{\Psi}(1-\widetilde{\Psi})+\widetilde{\Omega}(1-\widetilde{\Omega})$$

② 第二阶段无用户转移时，第一阶段消费者剩余为：

$$\widetilde{CS_1} = \int_0^{\widetilde{\theta}_*} (V + \alpha \times \widetilde{n_A^{e,\,1}} - \theta - \widetilde{p_A^1})d\theta$$

$$+ \int_{\widetilde{\theta}_*}^1 [V + \alpha \times \widetilde{n_B^{e,\,1}} - (1-\theta) - \widetilde{p_B^1}]d\theta$$

$$= V + \frac{3}{2}\alpha - \frac{3\alpha(\alpha-1)^2}{(2\alpha-1)(9\alpha^2-16\alpha+8)} - \frac{5}{4} - c$$

第二阶段消费者剩余为：

$$\widetilde{CS_2} = \int_0^{\widetilde{\theta}_*} (V + \alpha \times \widetilde{n_A^{e,\,2}} - \theta - \widetilde{p_A^{2,\,o}})d\theta$$

$$+ \int_{\widetilde{\theta}_*}^1 [V + \alpha \times \widetilde{n_B^{e,\,2}} - (1-\theta) - \widetilde{p_B^{2,\,o}}]d\theta$$

$$= V + \frac{1}{2}\alpha + \frac{(9\alpha^2-12\alpha+4)(\alpha-1)}{(9\alpha^2-16\alpha+8)} - \frac{1}{4} - c$$

此时，两阶段消费者总剩余折现和为：

$$\widetilde{CS} = \widetilde{CS_1} + \widetilde{CS_2} = 2V + 2\alpha - \frac{3\alpha(\alpha-1)^2}{(2\alpha-1)(9\alpha^2-16\alpha+8)}$$

$$+ \frac{(9\alpha^2-12\alpha+4)(\alpha-1)}{(9\alpha^2-16\alpha+8)} - \frac{3}{2} - 2c$$

三、社会福利分析

由上述分析可知以下内容。

（1）当平台企业选择无价格歧视时，社会总福利为：

$$SW_u = CS_u + \pi_{A,\,u} + \pi_{B,\,u} = 2V + \alpha - 2c - \frac{1}{2}$$

（2）当平台企业选择 BBPD 且无价格承诺时，社会总福利为：

$$SW = CS + \pi_A + \pi_B = 2V + \alpha - 2c - \frac{5}{9}$$

（3）当平台企业选择 BBPD 且有价格承诺时，

① 第二阶段有用户转移时，社会总福利为：

$$\widetilde{SW}=\widetilde{CS}+\widetilde{\pi_A}+\widetilde{\pi_B}=2V+\alpha-2c-1$$

$$+2\left[\frac{(3\alpha^2-4\alpha+2)}{(9\alpha^2-16\alpha+8)}-\frac{(3\alpha-1)}{2}-\frac{(3\alpha-2)}{2(9\alpha^2-16\alpha+8)}\right]\frac{(3\alpha-2)(\alpha-1)}{(9\alpha^2-16\alpha+8)}$$

$$+(\widetilde{\Omega}-\widetilde{\Psi}+3\alpha-2)\frac{(3\alpha-2)(\alpha-1)}{(9\alpha^2-16\alpha+8)}+\widetilde{\Psi}(1-\widetilde{\Psi})+\widetilde{\Omega}(1-\widetilde{\Omega})$$

② 第二阶段无用户转移时，社会总福利为：

$$\widetilde{SW}=\widetilde{CS}+\widetilde{\pi_A}+\widetilde{\pi_B}=2V+\alpha-\frac{1}{2}-2c$$

由上述分析可得命题 3.3。

命题 3.3 与无价格歧视时相比，当平台企业选择 BBPD 且无价格承诺时，若 $\frac{3(3\alpha-1)}{4(2\alpha-1)}>1$，平台企业利润增加，否则平台企业利润减少；若 $\alpha<\frac{1}{2}$，消费者剩余增加，否则消费者剩余减少；社会总福利减少。而平台企业选择 BBPD 且进行价格承诺时，网络外部性对平台企业利润、消费者剩余、社会福利等的影响较为复杂，难以给出解析解形式。

第五节　数值模拟

由上述三种定价机制下平台企业利润、消费者剩余、社会福利表达式可以发现，难以利用解析解形式对其进行比较分析，因此，采用数值模拟法对平台企业利润、消费者剩余、社会福利等随直接网络外部性变化的情况进行分析。不失一般性，令 $c=1$，且令 $V=5$ 以使在平台企业占优策略下，消费者都能获得正效用，从而使其选择接入一个平台企业。由此，当 $\alpha\in(0,1)$ 且 $\alpha\neq\frac{1}{2}$ 时，平台企业利润、消费者剩余、社会福利等变化如图 3-2 所示：

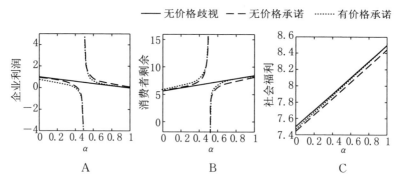

图 3-2　直接网络外部性参数变化对市场绩效影响示意图

　　由图 3-2 中 A 图可以看出，给定上述参数，在平台企业无价格歧视情况下，平台企业利润均随 α 增加而减少，平台企业选择 BBPD 定价行为（无价格承诺、有价格承诺）时，其利润函数曲线在 $\alpha=0.5$ 处间断，当 $\alpha \in (0, 0.5)$ 时，其利润函数随 α 增加而递减直至为负，这是由于在此区间平台企业对用户定价低于其边际成本甚至采取补贴吸引用户接入，当 $\alpha \in (0.5, 1)$ 时，其利润函数随 α 增加而递减，在 $\alpha=0.5$ 处，其利润函数从负值变为正值。与无价格歧视时相比，当平台企业选择 BBPD 且有价格承诺时，若 $\alpha \in (0, 0.5) \bigcup (0.79, 1)$，平台企业利润减少，若 $\alpha \in (0.5, 0.79]$，平台企业利润增加；当平台企业选择 BBPD 且无价格承诺时，若 $\alpha \in (0, 0.5)$，平台企业利润减少，若 $\alpha \in (0.5, 1)$，平台企业利润增加；无价格承诺时平台企业利润总高于有价格承诺时。

　　由图 3-2 中 B 图可以看出，给定上述参数，在平台企业无价格歧视情况下，消费者剩余随着 α 增加而增加。当平台企业选择 BBPD 定价行为（无价格承诺、有价格承诺）时，其消费者剩余函数均在 $\alpha=0.5$ 处出现跳跃（从正值跳跃为负值），当 $\alpha \in (0, 0.5)$ 时，其消费者剩余函数随着 α 增加而增加，当 $\alpha \in (0.5, 1)$ 时，其消费者剩余函数随着 α 增加而增加，但其值从负值增加至正值。与无价格歧视时相比，当平台企业选择

BBPD且有价格承诺时,若$\alpha \in (0.5, 0.8]$,消费者剩余减少,若$\alpha \in (0, 0.5) \bigcup (0.8, 1)$时,消费者剩余增加;当平台企业选择BBPD且无价格承诺时,若$\alpha \in (0, 0.5)$,消费者剩余增加,若$\alpha \in (0.5, 1)$,消费者剩余减少;有价格承诺时消费者剩余总高于无价格承诺时消费者剩余。

由图3-2中C图可以看出,给定上述参数,在三种机制下社会福利均随α增加而递增。与无价格歧视时相比,若平台企业选择BBPD(无价格承诺、有价格承诺)将导致社会福利损失,且有价格承诺时社会福利高于无价格承诺时社会福利。

通过上述分析可得:

命题3.4 (1)对于平台企业利润而言,当$\alpha \in (0, 0.5)$时,平台企业选择BBPD(有价格承诺、无价格承诺)将导致平台企业利润减少,当$\alpha \in (0.5, 1)$时,无价格承诺将导致平台企业利润增加,有价格承诺既可增加也可减少平台企业利润。

(2)对于消费者剩余而言,若$\alpha \in (0, 0.5)$,平台企业选择BBPD(有价格承诺、无价格承诺)将导致消费者剩余增加,若$\alpha \in (0.5, 1)$,无价格承诺将导致消费者剩余减少,有价格承诺既可增加也可减少消费者剩余。

(3)对于社会福利而言,平台企业选择BBPD(有价格承诺、无价格承诺)将导致社会福利损失。

(4)有价格承诺为平台企业严格被占优策略,当$\alpha \in (0, 0.5)$时,平台企业占优策略为无价格歧视,当$\alpha \in (0.5, 1)$时,平台企业占优策略为BBPD且无价格承诺,此时将导致平台企业利润增加、消费者剩余和社会福利减少。

第六节　本章小结

本章将直接网络外部性引入BBPD定价模型,假设消费者存在品牌偏好异质性且跨期偏好不变,研究寡头竞争平台企业选择不同定价策略时的最优定价机制及市场绩效。研究发现:第一,当两平台企业选择 BBPD 定价行为时,若其无价格承诺,则在第二阶段加剧竞争,在第一阶段是否加剧竞争取决于直接网络外部性大小,若其有价格承诺,则在两阶段对竞争的影响都取决于直接网络外部性大小;第二,平台企业选择 BBPD 定价行为时,无论有无价格承诺,第二阶段定价均受其第一阶段所获市场份额影响;第三,BBPD 且有价格承诺为平台企业严格被占优策略,平台企业将依据直接网络外部性大小选择无价格歧视或BBPD 且无价格承诺;第四,平台企业选择 BBPD 且无价格承诺时,将导致利润增加及消费者剩余、社会福利减少。

本章假设存在直接网络外部性且消费者存在偏好异质性,使得本章结论与现有文献研究(Caminal & Matutes,1990;Fudenberg & Tirole,2000;Chen & Pearcy,2010;蒋传海,2010)多有不同,这为 BBPD 定价现象研究提供不同视角。同时,本章模型可以很好解释平台企业一些定价行为,如在短视频行业中,当用户上传视频时,需要给运营商支付一定费用,运营商往往会对新用户提供相应优惠以吸引其不断上传视频,而对于老用户该优惠将不断减少,这就是短视频平台企业基于用户购买行为进行的歧视定价;在付费社交平台中,平台往往对其新用户免费提供某些功能权限,而对其老用户则要求付费购买相应功能,这是付费社交平台对其新老用户进行的价格歧视。此外,本章研究对直接网络外部性起主导作用的平台企业的定价策略选择也具有现实意义,数值模拟发现,均衡时此类平台企业占优策略随用户直接网络外部性变化而不同,因此此类平台企业定价策略应根据其用户直接网络外部性变化而调整。最后,本章研究对制定监管政策也有一定参考价值,根据本章研究,当平台企业采用 BBPD 定价行为时,无论其进行价格承诺与否,都将导致社会福利损失,由此应限制此类平台企业 BBPD 定价行为以增加社会福利。

第四章　间接网络外部性主导的平台企业 BBPD 定价行为：理论分析

本章将间接网络外部性、价格承诺与消费者偏好异质性等引入模型，研究在不完全信息情况下，间接网络外部性主导的平台企业 BBPD 定价行为。本章研究表明：该类平台企业在占优策略选择、定价机制设计等方面与直接网络外部性主导的平台企业存在较大差异，这是与第三章的研究不同之处。本章研究适用于解释包括电子商务平台、网约车平台、网络生活服务平台等的 BBPD 定价行为。本章与第三章共同构成平台企业 BBPD 定价行为理论研究框架，并为第六章实验研究提供理论基础。

第一节　引言

双边市场是常见的产业组织形式。双边市场是指连接两组不同用户，通过提供中介服务促使其达成交易的平台（Rysman，2009）。如淘宝、京东作为双边市场平台连接买家和卖家，爱奇艺、优酷等作为双边市场平台连接观众与广告商，滴滴、Uber 等网约车平台连接乘客与车主。可以预见，随着商业模式创新的不断深化，将有更多具有双边市场特征的平台企业出现。

间接网络外部性是双边市场平台存在基础。如第二章所述，对间接网络外部性的研究已经从传统的软件—硬件互补范式转向了用户组间互补的分析范式,并由此提出双边市场理论(黄纯纯,2011)。从经济学视角看,双边市场存在的基础就是平台双边用户间的间接网络外部性,即平台一边用户效用受同一平台另一边用户数量的影响(Armstrong,2006;Rysman,2009),如在电子商务平台中,卖家增多,将给买家带来正外部性(买到更多质优价廉的商品),而买家增多也将给卖家带来正外部性(潜在客户);网络出行平台中,加盟车主增多,将给乘客带来正外部性(出行更便利),乘客增多也将给车主带来正外部性(潜在客户增加)。

现有研究较少关注间接网络外部性对 BBPD 定价行为影响。BBPD 定价行为是双边市场平台广为采用的价格歧视形式,如在网约车平台中,平台会对新接入乘客提供首单优惠,对其老乘客也提供优惠券或者客单价减免,对于平台另一边车主而言,对新接入平台的车主提供相应佣金减免,对接入平台时间较长的老车主则在优先派单、佣金减免上提供相应优惠。但现有研究对此关注较少且存在有待改进之处,如毕菁佩和舒华英(2016)、卡罗尼(Carroni,2018)均基于用户转移成本异质性展开研究,且仅考虑用户两阶段位置独立、企业无价格承诺的情况,卡罗尼(Carroni,2018)仅分析了平台对一边用户进行价格歧视的情况。

为弥补现有文献不足,有必要将消费者偏好异质且跨期偏好不变、价格承诺等引入模型。现实中,尤其是在电子商务、网络出行、网络视听等行业中,用户在不同平台间选择更易受其品牌偏好而非转移成本的影响,用户偏好跨期不变也是常见情形。同时,很多平台都会选择对其老客户进行价格承诺,如对老用户打折、提供优惠券等,事实上,本章研究发现 BBPD 且无价格承诺是平台严格被占优策略。此外,平台可以对双边用户均采用 BBPD 定价行为,如滴滴打车既对新老乘客进行价格歧视,还对新老车主在派单、佣金减免上差别对待。

基于此,本章将关注以下问题:在双边用户均存在偏好异质性且其跨期偏好不变的情况下,平台选择 BBPD 定价行为(无价格承诺、有价格承诺)时的定价机制是什么?间接网络外部性对平台企业占优策略选择有何影响?存在间接网络外部性的情况下,与无价格歧视时相比,BBPD 定价行为将对市场绩效产生哪些影响?双边市场平台 BBPD 定价机制与传统产业组织 BBPD 定价机制有何不同?

本章主要结论如下:均衡时,BBPD 且无价格承诺为双边市场平台严格被占优策略;当两平台选择 BBPD 且有价格承诺时,导致消费者剩余、社会福利损失;当平台选择歧视定价时,若其无价格承诺,则在第二阶段加剧平台间竞争,在第一阶段是否加剧平台间竞争取决于双边用户间接网络外部性的相对大小,若其有价格承诺,则在两阶段是否加剧平台间竞争都取决于双边用户间接网络外部性的相对大小;当平台选择价格歧视时,无论进行价格承诺与否,其第二阶段定价都受到第一阶段平台所获双边用户市场份额的影响。

本章第二部分为模型假设,第三部分对平台企业选择无价格歧视、BBPD(无价格承诺、有价格承诺)时的定价机制进行刻画,第四部分基于均衡时平台企业定价机制,分析不同情况下平台企业利润、消费者剩余、社会福利,第五部分利用数值模拟方法分析间接网络外部性对市场绩效的影响,第六部分为本章小结。

第二节　模型设定

假设存在寡头竞争的双边市场平台,$i = A$,B,为双边用户提供同质产品/服务。平台可以记录双边用户的购买行为——重复购买或是首次购买,并据此对其新老用户进行价格歧视,但此时两平台企业对其新老客户提供的服务是同质的。当两平台进行价格歧视时可以选择是否进行价格承诺,若其进行价格承诺,则在第一阶段对其第二阶段老客户承诺一个价格,并在第二阶段依此承诺价格对其老客户收费。平台利润仅来自对双边用户的收费,两平台在每一阶段都同时对双边用户设定价格 $p_{A,j}^{t}$、$p_{B,j}^{t}$,以实现其预期利润折现和最大化,该价格为公开信息,两平台利润折现率均为1。

两平台企业固定成本为0,为双边用户提供服务的边际成本均为 c,假设双边用户都具有理性预期,且其总量均为1。j 边代表性用户对于两平台有异质偏好 θ_j,$\theta_j \in [0,1]$,$j=1,2$,θ_j 在一维偏好空间 $[0,1]$ 中均匀分布①。θ_j 指相对于对平台 A 的偏好而言,j 边用户对平台 B 的偏好为 θ_j,由此,平台 A 位于 $\theta_j=0$、平台 B 位于 $\theta_j=1$ 处。假设该偏好为用户私人信息且各用户跨期偏好不变,双边用户偏好分布相互独立。接入平台 i 的 j 边用户的效用会随接入同一平台的另一边用户数量的增加而递增,即存在间接网络外部性,假设该间接网络外部性参数为 α_j,由于本书不考虑间接网络外部性为负的情况,由此 $\alpha_j > 0$。用户存在保留效用 V_j,且 V_j 足够大使得所有用户在每个阶段都会选择接入一个平台,本章也仅考虑其接入一个平台的情况(单一接口)。双边用户均以其预期效用折现和最大为目标,且其效用折现率均为1。

由此可知,在阶段 t,$t=1,2$,类型为 θ_j 的用户接入平台 A 或者 B 将获得效用:

$$U_j = \begin{cases} V_j + \alpha_j \times n_{A,-j}^{e,t} - \theta_j - p_{A,j}^{t} & \text{若其接入平台 A} \\ V_j + \alpha_j \times n_{B,-j}^{e,t} - (1-\theta_j) - p_{B,j}^{t} & \text{若其接入平台 B} \end{cases}$$

其中,$n_{A,-j}^{e,t}$、$n_{B,-j}^{e,t}$ 分别为 j 边用户对在 t 期接入平台 A、B 的另一边用户数量的预期,由于市场完全覆盖且双边用户均只接入一个平台,

---

① 该假设符合弗登伯格和梯若尔(Fudenberg & Tirole, 2000)中关于单调风险率条件的假设:$f(\theta_j)$ 关于 $\frac{1}{2}$ 对称,$\frac{f(\theta_j)}{1-F(\theta_j)}$ 关于 θ_j 严格递增。单调风险率条件将保证当平台无价格歧视时存在一个唯一的均衡,同时 $f(\theta_j)$ 关于 $\frac{1}{2}$ 对称的假设允许我们关注对称均衡,这将极大地简化分析。

所以有 $n_{A,-j}^{e,t} + n_{B,-j}^{e,t} = 1$。$p_{A,j}^t$、$p_{B,j}^t$ 为两平台在第 t 期对 j 边用户的定价。

博弈分两阶段进行。两平台可以自由选择是否采用 BBPD 定价行为,当其选择 BBPD 定价行为时可以自由决定是否进行价格承诺。当平台选择 BBPD 且无价格承诺时,在第一阶段,平台 i 对其双边用户统一定价 $p_{i,j}^1$,$i=A$,B,$j=1$,2,在第二阶段,平台 i 对其新老用户差异定价,分别为 $p_{i,j}^{2,n}$ 与 $p_{i,j}^{2,o}$。当平台选择 BBPD 且有价格承诺时,在第一阶段,平台 i 对其双边用户统一定价 $p_{i,j}^1$,并承诺对第二阶段老客户进行定价 $p_{i,j}^{2,o}$;在第二阶段,平台 i 仅对其新用户进行定价 $p_{i,j}^{2,n}$。两平台在每阶段都同时进行定价决策,之后双边用户根据平台定价及其理性预期选择能为其带来更大效用的平台。

第三节　均衡分析

因为假设寡头竞争平台产品同质、成本相同、决策同步,所以仅考虑对称均衡情况。在进行分析之前,有必要对 α_j 取值进行讨论。首先,由于双边用户之间存在间接网络外部性,且本章不考虑网络外部性为负的情况(如在网络视听行业中,广告插播对观众带来的外部性为负),由此假设 $\alpha_j > 0$;其次,本章认为对 j 边代表性用户而言,其接入某平台企业所获效用对接入同一平台另一边用户数量的弹性较小,即用户接入平台企业主要为满足其固定效用 V_j 而非获得间接网络外部性,因此假设 $\alpha_j < 1$,这意味着接入某平台企业的 j 边用户数量的增加给另一边用户带来的边际效用小于 1;再次,对于双边市场进行实证研究的文献,如凯撒和赖特(Kaiser & Wright,2006)、吉尔和里拉-克莱顿(Gil & Riera-Crichton,2012)等均证明,间接网络外部性参数取值位于(0,1)区间;最后,为保证下述定价机制存在,需设定:

① $8\alpha_1^2 + 20\alpha_1\alpha_2 + 8\alpha_2^2 - 9 \neq 0$,

② $324\alpha_1^3\alpha_2^3 - 541\alpha_1^2\alpha_2^2 + 344\alpha_1\alpha_2 + 6\alpha_1^3\alpha_2 + 6\alpha_1\alpha_2^3 + 12\alpha_1^2 + 12\alpha_2^2 - 64 \neq 0$,

③ $36\alpha_1^3\alpha_2^3 - 133\alpha_1^2\alpha_2^2 + 88\alpha_1\alpha_2 - 18\alpha_1^3\alpha_2 - 18\alpha_1\alpha_2^3 + 8\alpha_1^2 + 8\alpha_2^2 - 16 \neq 0$。

由此,本章假设 $\alpha_j \in (0,1)$ 且①、②、③不等式均满足。

一、无价格歧视

作为基准情况,此时平台不对用户进行价格歧视,该博弈退化为两期重复霍特林竞争模型。此时,两平台对 j 边用户的定价分别为 $p_{A,j}^u$、$p_{B,j}^u$,由此,无差异的临界用户为:

$$\theta_j^* = \frac{1}{2} + \frac{\alpha_j \times (n_{A,-j}^u - n_{B,-j}^u) + p_{B,j}^u - p_{A,j}^u}{2}$$

其中,$n_{A,-j}^u$、$n_{B,-j}^u$ 分别为接入平台 A、B 的另一边用户数量,由此可知,$n_{A,-j}^u = \theta_{-j}^*$,$n_{B,-j}^u = 1 - \theta_{-j}^*$。由此可得:

$$n_{A,j}^u = \frac{1}{2} + \frac{(p_{B,j}^u - p_{A,j}^u) + \alpha_j \times (p_{B,-j}^u - p_{A,-j}^u)}{2(1 - \alpha_j \times \alpha_{-j})}$$

此时,两平台企业利润最大化问题变为:

$$\pi_{A,u} = \max\left[\sum_{j=1,2} n_{A,j}^u \times (p_{A,j}^u - c)\right]$$

$$\pi_{B,u} = \max\left[\sum_{j=1,2} n_{B,j}^u \times (p_{B,j}^u - c)\right]$$

对该利润最大化问题求解可得:

机制 4.1 当两平台均不进行价格歧视时,平台每一期对消费者定价均为 $p_{A,j}^u = p_{B,j}^u = c + 1 - \alpha_{-j}$;此时两平台在每一阶段都平分市场,即 $\theta_j^* = \frac{1}{2}$。此时双边用户对平台服务的需求弹性为 $\frac{1}{2(\alpha_1 \times \alpha_2 - 1)}$。

二、BBPD 且无价格承诺

此时,该两阶段博弈如图 4-1 所示。在第一阶段,平台 i 对其 j 边

用户提供统一定价 $p^1_{i,j}$，$i=A$，B，$j=1$，2，双边用户同时选择要接入的平台，由此存在一阶段临界点 θ^*_j，使得位于区间 $[0,\theta^*_j]$ 的 j 边用户接入平台 A，位于区间 $[\theta^*_j,1]$ 的 j 边用户接入平台 B。给定第一阶段两平台势力范围，在第二阶段平台 i 可以对其新老顾客提供不同定价，分别为 $p^{2;n}_{i,j}$、$p^{2;o}_{i,j}$，双边用户根据该定价选择继续接入原平台还是转向新平台，由此可能存在临界点 Ψ_j、Ω_j，使得位于区间 $[0,\Psi_j]$ 的用户在两阶段都接入平台 A，位于区间 $[\Psi_j,\theta^*_j]$ 的用户在第一阶段接入平台 A、第二阶段转向平台 B，位于区间 $[\theta^*_j,\Omega_j]$ 的用户在第一阶段接入平台 B、第二阶段接入平台 A，位于区间 $[\Omega_j,1]$ 的用户在两阶段都接入平台 B，但均衡时是否存在用户的转移，取决于 Ψ_j、Ω_j 与 θ^*_j 的相对大小。

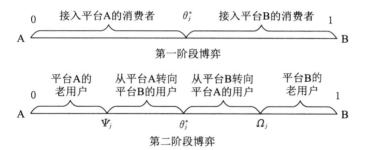

图 4-1　间接网络外部性主导的平台企业 BBPD 定价行为博弈示意图

利用逆向归纳法求解如下：

1. 第二阶段定价

对于 $j=1$ 边消费者而言，当其在第一阶段接入平台 A 时，他在第二阶段仍将接入平台 A，只要下式满足：

$$V_1+\alpha_1\times n^{e;2}_{A;2}-\theta_1-p^{2;o}_{A;1}\geqslant V_1+\alpha_1\times n^{e;2}_{B;2}-(1-\theta_1)-p^{2;n}_{B;1}$$

即：

$$\Psi_1=\frac{\alpha_1\times n^{e;2}_{A;2}-\alpha_1\times n^{e;2}_{B;2}+1+p^{2;n}_{B;1}-p^{2;o}_{A;1}}{2}\geqslant\theta_1$$

对于 $j=2$ 边消费者而言,当其在第一阶段接入平台 A 时,他在第二阶段仍将接入平台 A,只要下式满足:

$$\Psi_2 = \frac{\alpha_2 \times n_{A,1}^{e,2} - \alpha_2 \times n_{B,1}^{e,2} + 1 + p_{B,2}^{2,n} - p_{A,2}^{2,o}}{2} \geq \theta_2$$

由此,对于第一阶段接入平台 A 的 j 边消费者而言,当其偏好位于区间 $[0, \Psi_j]$ 时,在第二阶段仍旧接入平台 A,当其偏好位于区间 $[\Psi_j, \theta_j^*]$ 时,在第二阶段转向平台 B。

同理,对于 $j=1$ 边消费者而言,当其在第一阶段接入平台 B 时,他在第二阶段仍将接入平台 B,只要下式满足:

$$V_1 + \alpha_1 \times n_{A,2}^{e,2} - \theta_1 - p_{A,1}^{2,o} \leq V_1 + \alpha_1 \times n_{B,2}^{e,2} - (1-\theta_1) - p_{B,1}^{2,n}$$

即:

$$\Omega_1 = \frac{\alpha_1 \times n_{A,2}^{e,2} - \alpha_1 \times n_{B,2}^{e,2} + 1 - p_{A,1}^{2,n} + p_{B,1}^{2,o}}{2} \leq \theta_1$$

对于 $j=2$ 边消费者而言,当其在第一阶段接入平台 B 时,他在第二阶段仍将接入平台 B,只要下式满足:

$$\Omega_2 = \frac{\alpha_2 \times n_{A,1}^{e,2} - \alpha_2 \times n_{B,1}^{e,2} + 1 - p_{A,2}^{2,n} + p_{B,2}^{2,o}}{2} \leq \theta_2$$

由此,对于第一阶段接入平台 B 的 j 边消费者而言,当其偏好位于区间 $[\theta_j^*, \Omega_j]$ 时,在第二阶段将转向平台 A,当其偏好位于区间 $[\Omega_j, 1]$ 时,在第二阶段仍将接入平台 B。

由此可知,在第二阶段接入平台 A 的消费者包括两类:一类是平台 A 的老客户,即在两阶段均接入平台 A 的消费者;另一类是平台 A 的新客户,即第一阶段接入平台 B 第二阶段接入平台 A 的消费者。同理,第二阶段接入平台 B 的消费者也包括两类:一类是平台 B 的老客户,即在两阶段均接入平台 B 的消费者;另一类是平台 B 的新客户,即第一阶段接入平台 A 第二阶段接入平台 B 的消费者。

由于消费者具有理性预期,由此,对 $j=1,2$ 边用户而言,其预期第二阶段接入 A、B 两平台的另一边用户数量分别为:

$$n_{A,1}^{e,2} = \Psi_1 + \Omega_1 - \theta_1^*$$

$$n_{B,1}^{e,2} = \theta_1^* - \Psi_1 + 1 - \Omega_1$$

$$n_{A,2}^{e,2} = \Psi_2 + \Omega_2 - \theta_2^*$$

$$n_{B,2}^{e,2} = \theta_2^* - \Psi_2 + 1 - \Omega_2$$

联立上述方程,求解可得:

$$n_{A,1}^{e,2} = \frac{1 - 2\alpha_1 \times \alpha_2 + \alpha_1}{(1 - 4\alpha_1 \times \alpha_2)}$$

$$+ \frac{\alpha_1 \times (p_{B,2}^{2,o} + p_{B,2}^{2,n} - p_{A,2}^{2,n} - p_{A,2}^{2,o}) + \frac{p_{B,1}^{2,o} + p_{B,1}^{2,n} - p_{A,1}^{2,n} - p_{A,1}^{2,o}}{2}}{(1 - 4\alpha_1 \times \alpha_2)}$$

$$- \frac{2\alpha_1 \times \theta_2^* + \theta_1^*}{(1 - 4\alpha_1 \times \alpha_2)}$$

$$n_{A,2}^{e,2} = \frac{1 - 2\alpha_2 \times \alpha_1 + \alpha_2}{(1 - 4\alpha_2 \times \alpha_1)}$$

$$+ \frac{\alpha_2 \times (p_{B,1}^{2,o} + p_{B,1}^{2,n} - p_{A,1}^{2,n} - p_{A,1}^{2,o}) + \frac{p_{B,2}^{2,o} + p_{B,2}^{2,n} - p_{A,2}^{2,n} - p_{A,2}^{2,o}}{2}}{(1 - 4\alpha_2 \times \alpha_1)}$$

$$- \frac{2\alpha_2 \times \theta_1^* + \theta_2^*}{(1 - 4\alpha_2 \times \alpha_1)}$$

由此可得 Ψ_j、Ω_j 的表达式。

由于两平台在第一阶段没有对老客户进行价格承诺,因此在第二阶段,两平台需分别确定对新老用户的定价 $p_{A,j}^{2,n}$、$p_{A,j}^{2,o}$ 及 $p_{B,j}^{2,n}$、$p_{B,j}^{2,o}$ 以实现其利润最大化:

$$\max_{(p_{A,j}^{2,n},\ p_{A,j}^{2,o})} \big[\Psi_1 \times (p_{A,1}^{2,o} - c) + (\Omega_1 - \theta_1^*) \times (p_{A,1}^{2,n} - c)$$

$$+ \Psi_2 \times (p_{A,2}^{2,o} - c) + (\Omega_2 - \theta_2^*) \times (p_{A,2}^{2,n} - c) \big]$$

$$\max_{(p_{B,j}^{2,n},\ p_{B,j}^{2,o})}\big[(1-\Omega_1)\times(p_{B,1}^{2,o}-c)+(\theta_1^*-\Psi_1)\times(p_{B,1}^{2,n}-c)$$
$$+(1-\Omega_2)\times(p_{B,2}^{2,o}-c)+(\theta_2^*-\Psi_2)\times(p_{B,2}^{2,n}-c)\big]$$

对该利润最大化问题求解可得,两平台在第二阶段对其新老客户的定价分别为:

$$p_{A,1}^{2,n}=c-\alpha_2+\frac{(3-4\theta_1^*)}{3}$$
$$-\frac{3(1-2\theta_2^*)(\alpha_1-\alpha_2)+2(1-2\theta_1^*)(\alpha_1-\alpha_2)(2\alpha_1+\alpha_2)}{3[(4\alpha_1+2\alpha_2)(2\alpha_1+4\alpha_2)-9]} \tag{4-1}$$

$$p_{A,1}^{2,o}=c-\alpha_2+\frac{(1+2\theta_1^*)}{3}$$
$$-\frac{3(1-2\theta_2^*)(\alpha_1-\alpha_2)+2(1-2\theta_1^*)(\alpha_1-\alpha_2)(2\alpha_1+\alpha_2)}{3[(4\alpha_1+2\alpha_2)(2\alpha_1+4\alpha_2)-9]} \tag{4-2}$$

$$p_{A,2}^{2,n}=c-\alpha_1+\frac{(3-4\theta_2^*)}{3}$$
$$+\frac{3(1-2\theta_1^*)(\alpha_1-\alpha_2)+2(1-2\theta_2^*)(\alpha_1-\alpha_2)(\alpha_1+2\alpha_2)}{3[(4\alpha_1+2\alpha_2)(2\alpha_1+4\alpha_2)-9]} \tag{4-3}$$

$$p_{A,2}^{2,o}=c-\alpha_1+\frac{(1+2\theta_2^*)}{3}$$
$$+\frac{3(1-2\theta_1^*)(\alpha_1-\alpha_2)+2(1-2\theta_2^*)(\alpha_1-\alpha_2)(\alpha_1+2\alpha_2)}{3[(4\alpha_1+2\alpha_2)(2\alpha_1+4\alpha_2)-9]} \tag{4-4}$$

$$p_{B,1}^{2,n}=c-\alpha_2+\frac{(4\theta_1^*-1)}{3}$$
$$+\frac{3(1-2\theta_2^*)(\alpha_1-\alpha_2)+2(1-2\times\theta_1^*)(\alpha_1-\alpha_2)(2\alpha_1+\alpha_2)}{3[(4\alpha_1+2\alpha_2)(2\alpha_1+4\alpha_2)-9]} \tag{4-5}$$

$$p_{B,1}^{2,o}=c-\alpha_2+\frac{(3-2\theta_1^*)}{3}$$
$$+\frac{3(1-2\theta_2^*)(\alpha_1-\alpha_2)+2(1-2\theta_1^*)(\alpha_1-\alpha_2)(2\alpha_1+\alpha_2)}{3[(4\alpha_1+2\alpha_2)(2\alpha_1+4\alpha_2)-9]} \tag{4-6}$$

$$p_{B,2}^{2,n} = c - \alpha_1 + \frac{(4\theta_2^* - 1)}{3}$$

$$- \frac{3(1 - 2\theta_1^*)(\alpha_1 - \alpha_2) + 2(1 - 2\theta_2^*)(\alpha_1 - \alpha_2)(\alpha_1 + 2\alpha_2)}{3[(4\alpha_1 + 2\alpha_2)(2\alpha_1 + 4\alpha_2) - 9]} \tag{4-7}$$

$$p_{B,2}^{2,o} = c - \alpha_1 + \frac{(3 - 2\theta_2^*)}{3}$$

$$- \frac{3(1 - 2\theta_1^*)(\alpha_1 - \alpha_2) + 2(1 - 2\theta_2^*)(\alpha_1 - \alpha_2)(\alpha_1 + 2\alpha_2)}{3[(4\alpha_1 + 2\alpha_2)(2\alpha_1 + 4\alpha_2) - 9]} \tag{4-8}$$

对上述第二阶段定价进行分析可以发现,在 BBPD 且无价格承诺时:

(1) 双边市场平台在第二阶段对双边用户的定价与其在第一阶段所获得的双边用户市场份额均相关。这与毕菁佩和舒华英(2016)、卡罗尼(Carroni,2018)的结论相同。这是因为在用户理性预期及存在间接网络外部性的情况下,用户将根据两平台第一阶段市场份额预期其第二阶段市场份额,进而预期接入该平台所能获得的效用,因而该定价受第一阶段两平台在双边市场中所占份额的影响。

(2) 双边市场平台在第一阶段所获双边用户市场份额对其第二阶段定价的影响不确定。这与卡罗尼(Carroni,2018)的结论不同,他认为平台第一阶段市场份额将对老客户的定价有正的影响而对新客户的定价有负的影响,但在此处,平台第一阶段市场份额对第二阶段新老用户定价的影响还受到双边用户间接网络外部性相对大小的作用,因而难以判断其作用效果。出现该差异的原因在于卡罗尼(Carroni,2018)仅研究了平台对单边用户进行价格歧视的情况,而本章则研究了平台对双边用户同时进行价格歧视的情况(表 4-1)。

表 4-1 BBPD且无价格承诺时第二阶段对新老客户定价随 θ_j^* 变化的情况

	$p_{A,j}^{2,n}$	$p_{A,j}^{2,o}$
θ_j^* 增加	$\dfrac{[(\alpha_j+3\alpha_{-j})(2\alpha_j+\alpha_{-j})-3]}{[(4\alpha_j+2\alpha_{-j})(2\alpha_j+4\alpha_{-j})-9]}<0$时增加	$\dfrac{[2(\alpha_j+\alpha_{-j})(2\alpha_j+\alpha_{-j})-3]}{[(4\alpha_j+2\alpha_{-j})(2\alpha_j+4\alpha_{-j})-9]}>0$时增加
θ_{-j}^* 增加	$\dfrac{(\alpha_j-\alpha_{-j})}{[(4\alpha_j+2\alpha_{-j})(2\alpha_j+4\alpha_{-j})-9]}>0$时增加	$\dfrac{(\alpha_j-\alpha_{-j})}{[(4\alpha_j+2\alpha_{-j})(2\alpha_j+4\alpha_{-j})-9]}>0$时增加

	$p_{B,j}^{2,n}$	$p_{B,j}^{2,o}$
θ_j^* 增加	$\dfrac{[(\alpha_j+3\alpha_{-j})(2\alpha_j+\alpha_{-j})-3]}{[(4\alpha_j+2\alpha_{-j})(2\alpha_j+4\alpha_{-j})-9]}>0$时增加	$\dfrac{[2(\alpha_j+\alpha_{-j})(2\alpha_j+\alpha_{-j})-3]}{[(4\alpha_j+2\alpha_{-j})(2\alpha_j+4\alpha_{-j})-9]}<0$时增加
θ_{-j}^* 增加	$\dfrac{(\alpha_j-\alpha_{-j})}{[(4\alpha_j+2\alpha_{-j})(2\alpha_j+4\alpha_{-j})-9]}<0$时增加	$\dfrac{(\alpha_j-\alpha_{-j})}{[(4\alpha_j+2\alpha_{-j})(2\alpha_j+4\alpha_{-j})-9]}<0$时增加

（3）由上述定价可知，对第一阶段市场份额超过 $\frac{1}{3}$ 的平台而言，其在竞争中具有一定优势，因而在第二阶段将对新用户制定较低价格以不断开拓市场，而对于第一阶段市场份额小于 $\frac{1}{3}$ 的平台而言，其在竞争中处于绝对劣势，因而将在第二阶段对老用户制定较低价格以不断巩固自身市场范围、防止被逐出市场。但通过后面分析可知，在均衡时两平台平分市场，因而都将奖励其新客户。

2. 第一阶段定价

在第一阶段，具有理性预期的用户在选择接入平台时将考虑到上述第二阶段定价，并以其在两阶段的预期效用折现和最大化为目标来选择要接入的平台。

此时，对于位于一阶段临界点 θ_j^* 的用户而言，在以下两种情况下获得的预期效用折现和无差异：（1）第一阶段接入平台 A 第二阶段接入平台 B；（2）第一阶段接入平台 B 第二阶段接入平台 A。

对前一种情况，该临界用户预期效用折现和为：

$$E(u_A) = V_j + \alpha_j \times n_{A,-j}^{e,1} - \theta_j - p_{A,j}^1$$
$$+ [V_j + \alpha_j \times n_{B,-j}^{e,2} - (1-\theta_j) - p_{B,j}^{2,n}]$$

对后一种情况,该临界用户预期效用折现和为:

$$E(u_B) = V_j + \alpha_j \times n_{B,-j}^{e,1} - (1-\theta_j) - p_{B,j}^1$$
$$+ (V_j + \alpha_j \times n_{A,-j}^{e,2} - \theta_j - p_{A,j}^{2,n})$$

其中,$n_{A,-j}^{e,1}$、$n_{B,-j}^{e,1}$ 分别表示 j 边消费者预期在第一阶段接入平台 A、B 的另一边消费者数量,由此,$n_{A,-j}^{e,1} = \theta_{-j}^*$,$n_{B,-j}^{e,1} = 1 - \theta_{-j}^*$。$n_{A,-j}^{e,2}$、$n_{B,-j}^{e,2}$ 分别表示 j 边消费者预期在第二阶段接入平台 A、B 的另一边消费者数量。

令上述两式相等可得:

$$\theta_1^* = \frac{1}{2} + \frac{\lambda_2(p_{A,1}^1 - p_{B,1}^1) + \lambda_4(p_{A,2}^1 - p_{B,2}^1)}{2\lambda_1}$$

$$\theta_2^* = \frac{1}{2} + \frac{\lambda_2(p_{A,2}^1 - p_{B,2}^1) + \lambda_3(p_{A,1}^1 - p_{B,1}^1)}{2\lambda_1}$$

其中,$\lambda_1 = (10\alpha_1^2 + 10\alpha_2^2 + 28\alpha_1\alpha_2 - 4\alpha_1\alpha_2^3 - 4\alpha_1^3\alpha_2 - 10\alpha_1^2\alpha_2^2 - 8)$,

$\lambda_2 = (6 - 6\alpha_1^2 - 6\alpha_2^2 - 15\alpha_1\alpha_2)$,

$\lambda_3 = (5\alpha_2 + \alpha_1 - 10\alpha_1\alpha_2^2 - 4\alpha_1^2\alpha_2 - 4\alpha_2^3)$,

$\lambda_4 = (5\alpha_1 + \alpha_2 - 10\alpha_1^2\alpha_2 - 4\alpha_1\alpha_2^2 - 4\alpha_1^3)$。

此时,A、B 两平台分别选择 $p_{A,j}^1$、$p_{B,j}^1$ 以使其两阶段预期利润折现和最大,即:

$$\max_{p_{A,1}^1, p_{A,2}^1} \{ \theta_1^* \times (p_{A,1}^1 - c) + \theta_2^* \times (p_{A,2}^1 - c)$$
$$+ [\Psi_1 \times (p_{A,1}^{2,o} - c) + (\Omega_1 - \theta_1^*) \times (p_{A,1}^{2,n} - c)$$
$$+ \Psi_2 \times (p_{A,2}^{2,o} - c) + (\Omega_2 - \theta_2^*) \times (p_{A,2}^{2,n} - c)] \}$$

$$\max_{p_{B,1}^1, p_{B,2}^1} \{ (1-\theta_1^*) \times (p_{B,1}^1 - c) + (1-\theta_2^*) \times (p_{B,2}^1 - c)$$
$$+ [(1-\Omega_1) \times (p_{B,1}^{2,o} - c) + (\theta_1^* - \Psi_1) \times (p_{B,1}^{2,n} - c)$$
$$+ (1-\Omega_2) \times (p_{B,2}^{2,o} - c) + (\theta_2^* - \Psi_2) \times (p_{B,2}^{2,n} - c)] \}$$

对该利润最大化问题求解可得:

机制 4.2 当两平台采用 BBPD 且无价格承诺时, 在第一阶段对其双边用户的定价分别为:

$$p_{A,1}^1 = p_{B,1}^1 = c + \frac{(\alpha_1 - \alpha_2)[2(2\alpha_1 + \alpha_2) - 3]}{3(8\alpha_1^2 + 20\alpha_1\alpha_2 + 8\alpha_2^2 - 9)}$$

$$p_{A,2}^1 = p_{B,2}^1 = c + \frac{(\alpha_2 - \alpha_1)[2(\alpha_1 + 2\alpha_2) - 3]}{3(8\alpha_1^2 + 20\alpha_1\alpha_2 + 8\alpha_2^2 - 9)}$$

在第二阶段对其老用户的定价分别为:

$$p_{A,1}^{2,o} = p_{B,1}^{2,o} = \frac{(3c - 3\alpha_2 + 2)}{3}$$

$$p_{A,2}^{2,o} = p_{B,2}^{2,o} = \frac{(3c - 3\alpha_1 + 2)}{3}$$

对其新用户的定价分别为:

$$p_{A,1}^{2,n} = p_{B,1}^{2,n} = \frac{(3c - 3\alpha_2 + 1)}{3}$$

$$p_{A,2}^{2,n} = p_{B,2}^{2,n} = \frac{(3c - 3\alpha_1 + 1)}{3}$$

此时, $\theta_j^* = \frac{1}{2}$, $n_{i;j}^{e;2} = \frac{1}{2}$, $\Psi_j = \frac{1}{3}$, $\Omega_j = \frac{2}{3}$。

由该机制可知, 在每一阶段两平台都平分市场。在第一阶段, 偏好位于区间 $\left[0, \frac{1}{2}\right]$ 的双边用户接入平台 A, 偏好位于区间 $\left[\frac{1}{2}, 1\right]$ 的双边用户接入平台 B; 在第二阶段, 偏好位于区间 $\left[0, \frac{1}{3}\right]$ 的双边用户继续接入平台 A, 偏好位于区间 $\left[\frac{1}{3}, \frac{1}{2}\right]$ 的双边用户转向平台 B, 偏好位于区间 $\left[\frac{1}{2}, \frac{2}{3}\right]$ 的双边用户转向平台 A, 偏好位于区间 $\left[\frac{2}{3}, 1\right]$ 的双边

用户继续接入平台 B。由此,在双边市场中,在第二阶段每个平台都获得 $\frac{1}{3}$ 的老客户及 $\frac{1}{6}$ 的新客户。

由机制 4.2 及前述推导过程可以得出:

命题 4.1 在平台采用 BBPD 且无价格承诺情况下,均衡时:

(1) 与无价格歧视时定价相比,若 $\frac{(\alpha_1-\alpha_2)[2(2\alpha_1+\alpha_2)-3]}{3(8\alpha_1^2+20\alpha_1\alpha_2+8\alpha_2^2-9)}+\alpha_2 \geqslant 1$,则平台第一阶段定价高于无价格歧视时定价,这将缓和第一阶段两平台间竞争,反之,将加剧第一阶段两平台间竞争。

(2) 平台第二阶段对所有客户定价都低于无价格歧视时定价,且与老客户定价相比,两平台对新客户定价均较低,这将加剧第二阶段两平台间竞争。

(3) 平台第二阶段定价与第一阶段所获双边市场份额有关,但是其相关性受双边用户间接网络外部性相对大小的影响。

(4) 平台在两阶段对双边用户定价之差与双边用户间接网络外部性相对大小有关,若 $\frac{(\alpha_1-\alpha_2)(\alpha_1+\alpha_2-1)}{(8\alpha_1^2+20\alpha_1\alpha_2+8\alpha_2^2-9)}>0$,则在第一阶段平台将对 $j=1$ 边用户收取较高的费用,否则对 $j=2$ 边用户收取较高的费用;在第二阶段若 $\alpha_j>\alpha_{-j}$,则两平台均对 j 边的新老用户收取较高的费用。

(5) 在第一阶段双边用户对平台服务的需求弹性为 $\left|\frac{\lambda_2}{2\lambda_1}\right|$,由此,若 $\left|\frac{\lambda_2}{\lambda_1}\right|>\left|\frac{1}{\alpha_2\times\alpha_1-1}\right|$,则其需求弹性高于无价格歧视时,反之则低于。

从机制 4.2 及命题 4.1 可以看到:在平台采用 BBPD 且无价格承诺时,平台在第二阶段将对新用户制定较低价格以吸引其转移,这将加剧第二阶段竞争,并使得其对新老客户定价均低于统一定价。就此而言,这与陈勇民(Chen,1997)、陈和皮尔西(Chen & Pearcy,2010)及弗登伯格和梯若尔（Fudenberg & Tirole, 2000）的结果相同，但与卡罗尼（Carroni, 2018）又有不同之处，卡罗尼（Carroni, 2018）认为对一边新老用户的定价均低于统一定价，而对另一边新老用户的定价则与其统一定价相同，出现这一现象的原因在于本章假设平台对其双边用户均进行价格歧视，而卡罗尼（Carroni, 2018）则仅分析了平台对一边用户进行价格歧视的情况。

同时，间接网络外部性的存在导致平台对双边用户定价不一定相同，这是双边市场定价的一个特性，即"倾斜式定价"，如第二阶段定价中，若 $\alpha_j > \alpha_{-j}$，则两平台均对 j 边用户制定较高价格，且当间接网络外部性参数较大时，出现低于边际成本甚至补贴的情况，即卡劳德和朱利安（Caillaud & Jullien, 2003）所说的"各个击破"策略。同时，由于间接网络外部性的存在，难以明确界定平台 BBPD 定价行为是否加剧第一阶段竞争，这需要根据双边用户间接网络外部性的相对大小而确定。

三、BBPD 且有价格承诺

在此情况下两阶段博弈过程也如图 4-1 所示，但平台 i 在第一阶段宣布价格 $(\widetilde{p_{i,j}^1}, \widetilde{p_{i,j}^{2,o}})$，其中 $\widetilde{p_{i,j}^1}$ 为其对第一阶段用户定价，$\widetilde{p_{i,j}^{2,o}}$ 为其对第二阶段老客户的承诺定价。在第二阶段，其对新用户设定价格 $\widetilde{p_{i,j}^{2,n}}$。

1. 第二阶段定价

在给定第一阶段定价 $(\widetilde{p_{i,j}^1}, \widetilde{p_{i,j}^{2,o}})$ 的情况下，存在第一阶段临界点 $\widetilde{\theta_j^*}$，使偏好位于区间 $[0, \widetilde{\theta_j^*}]$ 的用户接入平台 A，偏好位于区间 $[\widetilde{\theta_j^*}, 1]$ 的用户接入平台 B。

如上节所述，对于第一阶段接入平台 A 的 $j=1$ 边用户而言，当下式满足时，他在第二阶段仍将接入平台 A。

$$\widetilde{\Psi_1} = \frac{\alpha_1 \times \widetilde{n_{A,2}^{e,2}} - \alpha_1 \times \widetilde{n_{B,2}^{e,2}} + 1 - \widetilde{p_{A,1}^{2,o}} + \widetilde{p_{B,1}^{2,n}}}{2} \geq \theta_1$$

对于第一阶段接入平台 A 的 $j=2$ 边用户而言，当下式满足时，他在第二阶段仍将接入平台 A。

$$\widetilde{\Psi_2}=\frac{\alpha_2\times\widetilde{n^{e,2}_{A,1}}-\alpha_2\times\widetilde{n^{e,2}_{B,1}}+1-\widetilde{p^{2,o}_{A,2}}+\widetilde{p^{2,n}_{B,2}}}{2}\geqslant\theta_2$$

对于第一阶段接入平台 B 的 $j=1$ 边消费者而言，当如下条件满足时，其在第二阶段仍将接入平台 B。

$$\widetilde{\Omega_1}=\frac{\alpha_1\times\widetilde{n^{e,2}_{A,2}}-\alpha_1\times\widetilde{n^{e,2}_{B,2}}+1-\widetilde{p^{2,n}_{A,1}}+\widetilde{p^{2,o}_{B,1}}}{2}\leqslant\theta_1$$

对于第一阶段接入平台 B 的 $j=2$ 边消费者而言，当如下条件满足时，其在第二阶段仍将接入平台 B。

$$\widetilde{\Omega_2}=\frac{\alpha_2\times\widetilde{n^{e,2}_{A,1}}-\alpha_2\times\widetilde{n^{e,2}_{B,1}}+1-\widetilde{p^{2,n}_{A,2}}+\widetilde{p^{2,o}_{B,2}}}{2}\leqslant\theta_2$$

此时，在第二阶段两平台双边用户均包括老客户、新客户两类。由于用户具有理性预期，因此可得：

$$\widetilde{n^{e,2}_{A,1}}=\frac{1-2\alpha_1\times\alpha_2+\alpha_1}{(1-4\alpha_1\times\alpha_2)}$$

$$+\frac{\alpha_1\times(\widetilde{p^{2,o}_{B,2}}+\widetilde{p^{2,n}_{B,2}}-\widetilde{p^{2,n}_{A,2}}-\widetilde{p^{2,o}_{A,2}})+\dfrac{\widetilde{p^{2,o}_{B,1}}+\widetilde{p^{2,n}_{B,1}}-\widetilde{p^{2,n}_{A,1}}-\widetilde{p^{2,o}_{A,1}}}{2}}{(1-4\alpha_1\times\alpha_2)}$$

$$-\frac{2\alpha_1\times\widetilde{\theta^*_2}+\widetilde{\theta^*_1}}{(1-4\alpha_1\times\alpha_2)}$$

$$\widetilde{n^{e,2}_{A,2}}=\frac{1-2\alpha_2\times\alpha_1+\alpha_2}{(1-4\alpha_2\times\alpha_1)}$$

$$+\frac{\alpha_2\times(\widetilde{p^{2,o}_{B,1}}+\widetilde{p^{2,n}_{B,1}}-\widetilde{p^{2,n}_{A,1}}-\widetilde{p^{2,o}_{A,1}})+\dfrac{\widetilde{p^{2,o}_{B,2}}+\widetilde{p^{2,n}_{B,2}}-\widetilde{p^{2,n}_{A,2}}-\widetilde{p^{2,o}_{A,2}}}{2}}{(1-4\alpha_2\times\alpha_1)}$$

$$-\frac{2\alpha_2\times\widetilde{\theta^*_1}+\widetilde{\theta^*_2}}{(1-4\alpha_2\times\alpha_1)}$$

由此可求得 $\widetilde{\Psi_j}$、$\widetilde{\Omega_j}$ 的表达式。

此时,两平台在第二阶段仅对新用户定价以实现其利润最大化,即:

$$\max_{\widetilde{p_{A,1}^{2,n}},\,\widetilde{p_{A,1}^{2,n}}} \left[\widetilde{\Psi_1} \times (\widetilde{p_{A,1}^{2,o}} - c) + (\widetilde{\Omega_1} - \theta_1^*) \times (\widetilde{p_{A,1}^{2,n}} - c) \right.$$
$$\left. + \widetilde{\Psi_2} \times (\widetilde{p_{A,2}^{2,o}} - c) + (\widetilde{\Omega_2} - \theta_2^*) \times (\widetilde{p_{A,2}^{2,n}} - c) \right]$$

$$\max_{\widetilde{p_{B,1}^{2,n}},\,\widetilde{p_{B,1}^{2,n}}} \left[(1 - \widetilde{\Omega_1}) \times (\widetilde{p_{B,1}^{2,o}} - c) + (\theta_1^* - \widetilde{\Psi_1}) \times (\widetilde{p_{B,1}^{2,n}} - c) \right.$$
$$\left. + (1 - \widetilde{\Omega_2}) \times (\widetilde{p_{B,2}^{2,o}} - c) + (\theta_2^* - \widetilde{\Psi_2}) \times (\widetilde{p_{B,2}^{2,n}} - c) \right]$$

对该利润最大化问题求解,可得第二阶段两平台对新用户定价分别为[1]:

$$\widetilde{p_{A,1}^{2,n}} =$$
$$-\frac{(\mu_{13}c - \mu_{14} - \mu_{11}\theta_1^* - \mu_{12}\theta_2^* + \mu_{10}\widetilde{p_{A,2}^{2,o}} + \mu_8\widetilde{p_{A,1}^{2,o}} + \mu_5\widetilde{p_{B,1}^{2,o}} + \mu_9\widetilde{p_{B,2}^{2,o}})}{\mu_{15}}$$
$$(4\text{-}9)$$

$$\widetilde{p_{B,1}^{2,n}} =$$
$$-\frac{(\mu_{14} + \mu_{13}c + \mu_{11}\theta_1^* + \mu_{12}\theta_2^* + \mu_9\widetilde{p_{A,2}^{2,o}} + \mu_5\widetilde{p_{A,1}^{2,o}} + \mu_8\widetilde{p_{B,1}^{2,o}} + \mu_{10}\widetilde{p_{B,2}^{2,o}})}{\mu_{15}}$$
$$(4\text{-}10)$$

$$\widetilde{p_{A,2}^{2,n}} =$$
$$-\frac{(\mu_2 c - \mu_1 - \mu_4\theta_1^* - \mu_3\theta_2^* + \mu_8\widetilde{p_{A,2}^{2,o}} + \mu_7\widetilde{p_{A,1}^{2,o}} + \mu_6\widetilde{p_{B,1}^{2,o}} + \mu_5\widetilde{p_{B,2}^{2,o}})}{\mu_{15}}$$
$$(4\text{-}11)$$

$$\widetilde{p_{B,2}^{2,n}} =$$
$$-\frac{(\mu_1 + \mu_2 c + \mu_4\theta_1^* + \mu_3\theta_2^* + \mu_5\widetilde{p_{A,2}^{2,o}} + \mu_6\widetilde{p_{A,1}^{2,o}} + \mu_7\widetilde{p_{B,1}^{2,o}} + \mu_8\widetilde{p_{B,2}^{2,o}})}{\mu_{15}}$$
$$(4\text{-}12)$$

---

① μ_i 表达式详见本书附录一。

由上述定价可知：在 BBPD 且有价格歧视时，平台对新用户定价与其第一阶段双边市场用户份额均相关，但该定价随平台一阶段市场份额变化的情况受 α_1、α_2 相对大小的影响，难以通过解析形式表达，无法明确界定。

2. 第一阶段定价

如上节所述，对位于一阶段临界点 $\widetilde{\theta_j^*}$ 的 j 边用户而言，将在以下两种情况之间无差异：(1)第一阶段接入平台 A 第二阶段接入平台 B；(2)第一阶段接入平台 B 第二阶段接入平台 A。

对前一种情况，该临界用户预期效用折现和为：

$$E(u_A)=V_j+\alpha_j\times\widetilde{n_{A,-j}^{e,1}}-\widetilde{\theta_j^*}-\widetilde{p_{A,j}^1}$$
$$+\left[V_j+\alpha_j\times\widetilde{n_{B,-j}^{e,2}}-(1-\widetilde{\theta_j^*})-\widetilde{p_{B,j}^{2,n}}\right]$$

对后一种情况，该临界用户预期效用折现和为：

$$E(u_B)=V_j+\alpha_j\times\widetilde{n_{B,-j}^{e,1}}-(1-\widetilde{\theta_j^*})$$
$$-\widetilde{p_{B,j}^1}+(V_j+\alpha_j\times\widetilde{n_{A,-j}^{e,2}}-\widetilde{\theta_j^*}-\widetilde{p_{A,j}^{2,n}})$$

其中，$\widetilde{n_{A,-j}^{e,1}}$、$\widetilde{n_{B,-j}^{e,1}}$ 分别表示 j 边消费者预期在第一阶段接入平台 A、B 的另一边消费者数量，由此，$\widetilde{n_{A,-j}^{e,1}}=\widetilde{\theta_{-j}^*}$，$\widetilde{n_{B,-j}^{e,1}}=1-\widetilde{\theta_{-j}^*}$。$\widetilde{n_{A,-j}^{e,2}}$、$\widetilde{n_{B,-j}^{e,2}}$ 分别表示 j 边消费者预期在第二阶段接入平台 A、B 的另一边消费者数量，表达式如前所述。

令上述两式相等，可得：

$$\widetilde{\theta_1^*}=\frac{1}{2}+$$

$$\frac{\tau_2(\widetilde{p_{A,1}^1}-\widetilde{p_{B,1}^1})+\tau_4(\widetilde{p_{A,2}^1}-\widetilde{p_{B,2}^1})+\tau_7(\widetilde{p_{A,1}^{2,o}}-\widetilde{p_{B,1}^{2,o}})+\tau_5(\widetilde{p_{A,2}^{2,o}}-\widetilde{p_{B,2}^{2,o}})}{2\tau_1}$$

$$\widetilde{\theta_2^*}=\frac{1}{2}+$$

$$\frac{\tau_2(\widetilde{p_{A,2}^1}-\widetilde{p_{B,2}^1})+\tau_3(\widetilde{p_{A,1}^1}-\widetilde{p_{B,1}^1})+\tau_6(\widetilde{p_{A,1}^{2,o}}-\widetilde{p_{B,1}^{2,o}})+\tau_8(\widetilde{p_{A,2}^{2,o}}-\widetilde{p_{B,2}^{2,o}})}{2\tau_1}$$

其中，$\tau_1 = 4\alpha_1^3\alpha_2^3 - 4\alpha_1^3\alpha_2 - 24\alpha_1^2\alpha_2^2 + 4\alpha_1^2 - 4\alpha_1\alpha_2^3 + 24\alpha_1\alpha_2 + 4\alpha_2^2 - 4$，

$\tau_2 = 4 - 2\alpha_2^2 - 2\alpha_1^2 + 6\alpha_1^2\alpha_2^2 - 16\alpha_1\alpha_2$，

$\tau_3 = 2\alpha_1 + 4\alpha_1^2\alpha_2^3 + 4\alpha_2 - 2\alpha_2^3 - 14\alpha_1\alpha_2^2 - 4\alpha_1^2\alpha_2$，

$\tau_4 = 2\alpha_2 + 4\alpha_1^3\alpha_2^2 + 4\alpha_1 - 2\alpha_1^3 - 14\alpha_1^2\alpha_2 - 4\alpha_1\alpha_2^2$，

$\tau_5 = \alpha_2 + 2\alpha_1 - 8\alpha_1^2\alpha_2 + \alpha_2 - 2\alpha_1^3 - 4\alpha_1\alpha_2^2$，

$\tau_6 = \alpha_1 + 2\alpha_2 - 8\alpha_1\alpha_2^2 + \alpha_1 - 2\alpha_2^3 - 4\alpha_1^2\alpha_2$，

$\tau_7 = 2 - 2\alpha_2^2 - 2\alpha_1^3\alpha_2 - 2\alpha_1^2\alpha_2^2 - 6\alpha_1\alpha_2$，

$\tau_8 = 2 - 2\alpha_1^2 - 2\alpha_1\alpha_2^3 - 2\alpha_1^2\alpha_2^2 - 6\alpha_1\alpha_2$。

此时，偏好位于区间$[0, \widetilde{\theta_j^*}]$的消费者接入平台 A，位于区间$[\widetilde{\theta_j^*}, 1]$的消费者接入平台 B，两平台在第一阶段同时确定$(\widetilde{p_{A,j}^1}, \widetilde{p_{A,j}^{2,o}})$、$(\widetilde{p_{B,j}^1}, \widetilde{p_{B,j}^{2,o}})$以实现其预期利润折现和最大，即：

$$\max_{\widetilde{p_{A,j}^1}, \widetilde{p_{A,j}^2}} \{\widetilde{\theta_1^*} \times (\widetilde{p_{A,1}^1} - c) + \widetilde{\theta_2^*} \times (\widetilde{p_{A,2}^1} - c)$$
$$+ [\widetilde{\Psi_1} \times (\widetilde{p_{A,1}^{2,o}} - c) + (\widetilde{\Omega_1} - \widetilde{\theta_1^*}) \times (\widetilde{p_{A,1}^{2,n}} - c)$$
$$+ \widetilde{\Psi_2} \times (\widetilde{p_{A,2}^{2,o}} - c) + (\widetilde{\Omega_2} - \widetilde{\theta_2^*}) \times (\widetilde{p_{A,2}^{2,n}} - c)]\}$$

$$\max_{\widetilde{p_{B,j}^1}, \widetilde{p_{B,j}^2}} \{(1 - \widetilde{\theta_1^*}) \times (\widetilde{p_{B,1}^1} - c) + (1 - \widetilde{\theta_2^*}) \times (\widetilde{p_{B,2}^1} - c)$$
$$+ [(1 - \widetilde{\Omega_1}) \times (\widetilde{p_{B,1}^{2,o}} - c) + (\widetilde{\theta_1^*} - \widetilde{\Psi_1}) \times (\widetilde{p_{B,1}^{2,n}} - c)$$
$$+ (1 - \widetilde{\Omega_2}) \times (\widetilde{p_{B,2}^{2,o}} - c) + (\widetilde{\theta_2^*} - \widetilde{\Psi_2}) \times (\widetilde{p_{B,2}^{2,n}} - c)]\}$$

对该利润最大化问题求解可得机制 4.3。

机制 4.3 在平台采用 BBPD 且有价格承诺的情况下，均衡时①，两平台第一阶段对用户定价分别为：

$$\widetilde{p_{A,1}^1} = \widetilde{p_{B,1}^1} = c + 1 - \alpha_2 + \frac{\gamma_2}{\gamma_0}$$

$$\widetilde{p_{A,2}^1} = \widetilde{p_{B,2}^1} = c + 1 - \alpha_1 + \frac{\gamma_1}{\gamma_0}$$

---

① γ_i 表达式详见本书附录一。

在第一阶段对第二阶段老客户的承诺定价分别为：

$$\widetilde{p_{A;1}^{2;o}} = \widetilde{p_{B;1}^{2;o}} = c + \frac{\gamma_4}{\gamma_0}$$

$$\widetilde{p_{A;2}^{2;o}} = \widetilde{p_{B;2}^{2;o}} = c + \frac{\gamma_3}{\gamma_0}$$

在第二阶段对第二阶段新客户的定价分别为：

$$\widetilde{p_{A;1}^{2;n}} = c - \frac{\gamma_7\gamma_3 + \gamma_8\gamma_4}{\gamma_9\gamma_0}$$

$$\widetilde{p_{B;1}^{2;n}} = c - \frac{\gamma_7\gamma_3 + \gamma_8\gamma_4}{\gamma_9\gamma_0}$$

$$\widetilde{p_{A;2}^{2;n}} = c - \frac{\gamma_6\gamma_4 + \gamma_8\gamma_3}{\gamma_9\gamma_0}$$

$$\widetilde{p_{B;2}^{2;n}} = c - \frac{\gamma_6\gamma_4 + \gamma_8\gamma_3}{\gamma_9\gamma_0}$$

在每一阶段，两个平台均平分市场，即 $\widetilde{\theta_j^*} = \frac{1}{2}$，$\widetilde{n_{i;j}^{e;2}} = \frac{1}{2}$，此时，

$$\widetilde{\Psi_1} = \frac{1}{2} - \frac{\gamma_5\gamma_4 + \gamma_7\gamma_3}{2\gamma_9\gamma_0}$$

$$\widetilde{\Psi_2} = \frac{1}{2} - \frac{\gamma_5\gamma_3 + \gamma_6\gamma_4}{2\gamma_9\gamma_0}$$

$$\widetilde{\Omega_1} = \frac{1}{2} + \frac{\gamma_5\gamma_4 + \gamma_7\gamma_3}{2\gamma_9\gamma_0}$$

$$\widetilde{\Omega_2} = \frac{1}{2} + \frac{\gamma_5\gamma_3 + \gamma_6\gamma_4}{2\gamma_9\gamma_0}$$

由上述分析可知，与企业选择 BBPD 且无价格承诺时不同，当其有价格承诺时，在第二阶段博弈中，并不一定存在消费者的转移购买行为，此时有：

（1）当第二阶段存在用户转移时，偏好位于区间$\left[0, \widetilde{\Psi_j}\right]$的用户两阶段都接入平台 A，偏好位于区间$\left[\widetilde{\Psi_j}, \dfrac{1}{2}\right]$的用户第一阶段接入平台 A 并在第二阶段转向平台 B，偏好位于区间$\left[\dfrac{1}{2}, \widetilde{\Omega_j}\right]$的用户第一阶段接入平台 B 并在第二阶段转向平台 A，偏好位于区间$\left[\widetilde{\Omega_j}, 1\right]$的用户两阶段都接入平台 B。

（2）当第二阶段不存在用户转移时，偏好位于区间$\left[0, \dfrac{1}{2}\right]$的双边用户两阶段都选择平台 A，偏好位于区间$\left[\dfrac{1}{2}, 1\right]$的双边用户两阶段都选择平台 B。

由机制 4.3 及前述推导过程可得：

命题 4.2 在平台采用 BBPD 且有价格承诺的情况下，均衡时，

（1）平台第一阶段定价与无价格歧视定价相比，其大小关系如表 4-2 所示。

表 4-2 BBPD 且有价格承诺时第一阶段定价与统一定价对比

	高于统一定价	低于统一定价
$j=1$ 边定价	$\dfrac{\gamma_2}{\gamma_0}>0$	$\dfrac{\gamma_2}{\gamma_0}<0$
$j=2$ 边定价	$\dfrac{\gamma_1}{\gamma_0}>0$	$\dfrac{\gamma_1}{\gamma_0}<0$

当平台第一阶段定价高于统一定价时，缓和两平台第一阶段竞争，反之则加剧。

（2）平台第二阶段定价与无价格歧视时定价相比，其大小关系如表 4-3 所示。

当平台第二阶段对新老客户定价高于统一定价时，缓和两平台第二阶段竞争，反之则加剧。

表 4-3　BBPD 且有价格承诺时第二阶段定价与统一定价对比

		高于统一定价	低于统一定价
$j=1$ 边	老客户定价	$\alpha_2+\dfrac{\gamma_4}{\gamma_0}>1$	$\alpha_2+\dfrac{\gamma_4}{\gamma_0}<1$
	新客户定价	$\alpha_2-\dfrac{\gamma_7\gamma_3+\gamma_8\gamma_4}{\gamma_9\gamma_0}>1$	$\alpha_2-\dfrac{\gamma_7\gamma_3+\gamma_8\gamma_4}{\gamma_9\gamma_0}<1$
$j=2$ 边	老客户定价	$\alpha_1+\dfrac{\gamma_3}{\gamma_0}>1$	$\alpha_1+\dfrac{\gamma_3}{\gamma_0}<1$
	新客户定价	$\alpha_1-\dfrac{\gamma_8\gamma_3+\gamma_6\gamma_4}{\gamma_9\gamma_0}>1$	$\alpha_1-\dfrac{\gamma_8\gamma_3+\gamma_6\gamma_4}{\gamma_9\gamma_0}>1$

在第二阶段,平台对新老用户定价大小关系如表 4-4 所示。

表 4-4　BBPD 且有价格承诺时第二阶段对新老客户定价对比

	对老客户定价较高	对新客户定价较高
$j=1$ 边	$\dfrac{\gamma_5\gamma_4+\gamma_7\gamma_3}{\gamma_9\gamma_0}>0$	$\dfrac{\gamma_5\gamma_4+\gamma_7\gamma_3}{\gamma_9\gamma_0}<0$
$j=2$ 边	$\dfrac{\gamma_5\gamma_3+\gamma_6\gamma_4}{\gamma_9\gamma_0}>0$	$\dfrac{\gamma_5\gamma_3+\gamma_6\gamma_4}{\gamma_9\gamma_0}<0$

此时,若平台对老客户定价较高,第二阶段出现用户转移,且 $j=1$、$j=2$ 边用户转移量分别为 $\dfrac{\gamma_5\gamma_4+\gamma_7\gamma_3}{2\gamma_9\gamma_0}$、$\dfrac{\gamma_5\gamma_3+\gamma_6\gamma_4}{2\gamma_9\gamma_0}$。若平台对新客户定价较高,则第二阶段没有用户转移。

（3）在两阶段平台对双边用户定价大小关系如表 4-5 所示:

表 4-5　BBPD 且有价格承诺时对双边用户定价对比

		对 $j=1$ 边定价较高	对 $j=2$ 边定价较高
一阶段定价		$\alpha_1-\alpha_2+\dfrac{\gamma_2-\gamma_1}{\gamma_0}>0$	$\alpha_1-\alpha_2+\dfrac{\gamma_2-\gamma_1}{\gamma_0}<0$
二阶段定价	老客户	$\dfrac{\gamma_4-\gamma_3}{\gamma_0}>0$	$\dfrac{\gamma_4-\gamma_3}{\gamma_0}<0$
	新客户	$\dfrac{\gamma_6\gamma_4-\gamma_7\gamma_3+\gamma_8(\gamma_3-\gamma_4)}{\gamma_9\gamma_0}>0$	$\dfrac{\gamma_6\gamma_4-\gamma_7\gamma_3+\gamma_8(\gamma_3-\gamma_4)}{\gamma_9\gamma_0}<0$

由于间接网络外部性的存在,平台将对双边用户采取"倾斜式定价"策略,即通过对一边用户收费较低甚至补贴来吸引该边用户接入,进而吸引另一边用户的接入,并对另一边用户制定更高的价格以实现获利目标,如电商平台对买家不收取任何费用,但对卖家则以交易佣金、服务费等形式收取一定费用,并以此盈利。表4-5证明了在引入价格承诺且对双边用户均歧视定价时,平台企业同样存在"倾斜式定价"现象。

（4）在第一阶段,双边用户对平台服务的需求弹性为 $\left|\dfrac{\tau_2}{2\tau_1}\right|$,由此,若 $\left|\dfrac{\tau_2}{\tau_1}\right| > \left|\dfrac{1}{\alpha_1\alpha_2-1}\right|$,则其需求弹性高于无价格歧视时,反之则低于。

第四节　市场绩效分析

本部分主要分析上述三种定价机制下,均衡时平台企业利润、消费者剩余、社会福利及其随间接网络外部性变化的情况。

一、平台企业利润分析

（1）由机制4.1及无价格歧视时分析可知,当平台无价格歧视时,两平台每阶段都获得相同利润:

$$\pi_{A,1}=\pi_{A,2}=\sum_{j=1,2} n_{A,j}^u \times (p_{A,j}^u-c)=\frac{1}{2}(2-\alpha_1-\alpha_2)$$

$$\pi_{B,1}=\pi_{B,2}=\sum_{j=1,2} n_{B,j}^u \times (p_{B,j}^u-c)=\frac{1}{2}(2-\alpha_1-\alpha_2)$$

由此,无价格歧视时两平台两阶段利润折现和为:

$$\pi_{A,u}=\pi_{A,1}+\pi_{A,2}=2-\alpha_1-\alpha_2$$

$$\pi_{B,u}=\pi_{B,1}+\pi_{B,2}=2-\alpha_1-\alpha_2$$

（2）由机制 4.2 及 BBPD 且无价格承诺时分析可知，两平台在第一阶段获得利润分别为：

$$\pi_{A,1} = \sum_{j=1,2} \theta_j^* \times (p_{A,j}^1 - c) = \frac{(\alpha_1 - \alpha_2)^2}{3(8\alpha_1^2 + 20\alpha_1\alpha_2 + 8\alpha_2^2 - 9)}$$

$$\pi_{B,1} = \sum_{j=1,2} (1 - \theta_j^*) \times (p_{B,j}^1 - c) = \frac{(\alpha_1 - \alpha_2)^2}{3(8\alpha_1^2 + 20\alpha_1\alpha_2 + 8\alpha_2^2 - 9)}$$

两平台在第二阶段获得利润分别为：

$$\pi_{A,2} = \sum_{j=1,2} \left[\Psi_j \times (p_{A,j}^{2,o} - c) + (\Omega_j - \theta_j^*) \times (p_{A,j}^{2,n} - c) \right]$$

$$= \frac{5}{9} - \frac{1}{2}(\alpha_2 + \alpha_1)$$

$$\pi_{B,2} = \sum_{j=1,2} \left[(1 - \Omega_j) \times (p_{B,j}^{2,o} - c) + (\theta_j^* - \Psi_j) \times (p_{B,j}^{2,n} - c) \right]$$

$$= \frac{5}{9} - \frac{1}{2}(\alpha_2 + \alpha_1)$$

由此，当两平台 BBPD 且无价格承诺时，其两阶段利润折现和分别为：

$$\pi_A = \pi_{A,1} + \pi_{A,2} = \frac{(\alpha_1 - \alpha_2)^2}{3(8\alpha_1^2 + 20\alpha_1\alpha_2 + 8\alpha_2^2 - 9)} - \frac{1}{2}(\alpha_2 + \alpha_1) + \frac{5}{9}$$

$$\pi_B = \pi_{B,1} + \pi_{B,2} = \frac{(\alpha_1 - \alpha_2)^2}{3(8\alpha_1^2 + 20\alpha_1\alpha_2 + 8\alpha_2^2 - 9)} - \frac{1}{2}(\alpha_2 + \alpha_1) + \frac{5}{9}$$

（3）由机制 4.3 及 BBPD 且有价格承诺时分析可知，

① 在第二阶段存在用户转移情况下，两平台在第一阶段获得利润分别为：

$$\widetilde{\pi_{A,1}} = \sum_{j=1,2} \widetilde{\theta_j^*} \times (\widetilde{p_{A,j}^1} - c) = \frac{1}{2}\left(2 - \alpha_1 - \alpha_2 + \frac{\gamma_1 + \gamma_2}{\gamma_0}\right)$$

$$\widetilde{\pi_{B,1}} = \sum_{j=1,2} (1 - \widetilde{\theta_j^*}) \times (\widetilde{p_{B,j}^1} - c) = \frac{1}{2}\left(2 - \alpha_1 - \alpha_2 + \frac{\gamma_1 + \gamma_2}{\gamma_0}\right)$$

两平台在第二阶段获得利润分别为：

$$\widetilde{\pi_{A,2}} = \sum_{j=1,2} \left[\widetilde{\Psi_j} \times (\widetilde{p_{A,j}^{2,o}} - c) + (\widetilde{\Omega_j} - \widetilde{\theta_j^*}) \times (\widetilde{p_{A,j}^{2,n}} - c) \right]$$

$$= \left(\frac{1}{2} - \frac{\gamma_5 \gamma_4 + \gamma_7 \gamma_3}{2\gamma_9 \gamma_0} \right) \frac{\gamma_4}{\gamma_0} - \frac{\gamma_5 \gamma_4 + \gamma_7 \gamma_3}{2\gamma_9 \gamma_0} \frac{\gamma_7 \gamma_3 + \gamma_8 \gamma_4}{\gamma_9 \gamma_0}$$

$$+ \left(\frac{1}{2} - \frac{\gamma_5 \gamma_3 + \gamma_6 \gamma_4}{2\gamma_9 \gamma_0} \right) \frac{\gamma_3}{\gamma_0} - \frac{\gamma_5 \gamma_3 + \gamma_6 \gamma_4}{2\gamma_9 \gamma_0} \frac{\gamma_8 \gamma_3 + \gamma_6 \gamma_4}{\gamma_9 \gamma_0}$$

$$\widetilde{\pi_{B,2}} = \sum_{j=1,2} \left[(1 - \widetilde{\Omega_j}) \times (\widetilde{p_{B,j}^{2,o}} - c) + (\widetilde{\theta_j^*} - \widetilde{\Psi_j}) \times (\widetilde{p_{B,j}^{2,n}} - c) \right]$$

$$= \left(\frac{1}{2} - \frac{\gamma_5 \gamma_4 + \gamma_7 \gamma_3}{2\gamma_9 \gamma_0} \right) \frac{\gamma_4}{\gamma_0} - \frac{\gamma_5 \gamma_4 + \gamma_7 \gamma_3}{2\gamma_9 \gamma_0} \frac{\gamma_4 \gamma_8 + \gamma_7 \gamma_3}{\gamma_9 \gamma_0}$$

$$+ \left(\frac{1}{2} - \frac{\gamma_5 \gamma_3 + \gamma_6 \gamma_4}{2\gamma_9 \gamma_0} \right) \frac{\gamma_3}{\gamma_0} - \frac{\gamma_5 \gamma_3 + \gamma_6 \gamma_4}{2\gamma_9 \gamma_0} \frac{\gamma_6 \gamma_4 + \gamma_8 \gamma_3}{\gamma_9 \gamma_0}$$

此时，两平台两阶段期望利润折现和为：

$$\widetilde{\pi_A} = \widetilde{\pi_{A,1}} + \widetilde{\pi_{A,2}} = \frac{1}{2} \left(2 - \alpha_1 - \alpha_2 + \frac{\gamma_1 + \gamma_2 + \gamma_3 + \gamma_4}{\gamma_0} \right)$$

$$- \frac{\gamma_4 (\gamma_5 \gamma_4 + \gamma_7 \gamma_3) + \gamma_3 (\gamma_5 \gamma_3 + \gamma_6 \gamma_4)}{2\gamma_9 \gamma_0^2}$$

$$- \frac{(\gamma_5 \gamma_4 + \gamma_7 \gamma_3)(\gamma_7 \gamma_3 + \gamma_8 \gamma_4) + (\gamma_5 \gamma_3 + \gamma_6 \gamma_4)(\gamma_8 \gamma_3 + \gamma_6 \gamma_4)}{2\gamma_9^2 \gamma_0^2}$$

$$\widetilde{\pi_B} = \widetilde{\pi_{B,1}} + \widetilde{\pi_{B,2}} = \frac{1}{2} \left(2 - \alpha_1 - \alpha_2 + \frac{\gamma_1 + \gamma_2 + \gamma_3 + \gamma_4}{\gamma_0} \right)$$

$$- \frac{\gamma_4 (\gamma_5 \gamma_4 + \gamma_7 \gamma_3) + \gamma_3 (\gamma_5 \gamma_3 + \gamma_6 \gamma_4)}{2\gamma_9 \gamma_0^2}$$

$$- \frac{(\gamma_5 \gamma_4 + \gamma_7 \gamma_3)(\gamma_4 \gamma_8 + \gamma_7 \gamma_3) + (\gamma_5 \gamma_3 + \gamma_6 \gamma_4)(\gamma_6 \gamma_4 + \gamma_8 \gamma_3)}{2\gamma_9^2 \gamma_0^2}$$

② 在第二阶段不存在用户转移情况下，两平台在第一阶段获得利润分别为：

$$\widetilde{\pi_{A,1}} = \sum_{j=1,2} \widetilde{\theta_j^*} \times (\widetilde{p_{A,j}^1} - c) = \frac{1}{2} \left(2 - \alpha_1 - \alpha_2 + \frac{\gamma_2 + \gamma_1}{\gamma_0} \right)$$

$$\widetilde{\pi_{B,1}} = \sum_{j=1,2} (1 - \widetilde{\theta_j^*}) \times (\widetilde{p_{B,j}^1} - c) = \frac{1}{2} \left(2 - \alpha_1 - \alpha_2 + \frac{\gamma_2 + \gamma_1}{\gamma_0} \right)$$

两平台在第二阶段获得利润分别为：

$$\widetilde{\pi_{A,2}} = \sum_{j=1,2} \widetilde{n_{A,j}^{e,2}} \times (\widetilde{p_{A,j}^{2,o}} - c) = \frac{\gamma_3 + \gamma_4}{2\gamma_0}$$

$$\widetilde{\pi_{B,2}} = \sum_{j=1,2} \widetilde{n_{B,j}^{e,2}} \times (\widetilde{p_{B,j}^{2,o}} - c) = \frac{\gamma_3 + \gamma_4}{2\gamma_0}$$

此时，两平台两阶段期望利润折现和为：

$$\widetilde{\pi_A} = \widetilde{\pi_{A,1}} + \widetilde{\pi_{A,2}} = \frac{1}{2}\left(2 - \alpha_1 - \alpha_2 + \frac{\gamma_2 + \gamma_1}{\gamma_0}\right) + \frac{\gamma_3 + \gamma_4}{2\gamma_0}$$

$$\widetilde{\pi_B} = \widetilde{\pi_{B,1}} + \widetilde{\pi_{B,2}} = \frac{1}{2}\left(2 - \alpha_1 - \alpha_2 + \frac{\gamma_2 + \gamma_1}{\gamma_0}\right) + \frac{\gamma_3 + \gamma_4}{2\gamma_0}$$

二、消费者剩余分析

（1）由机制 4.1 及无价格歧视时分析可知，当平台无价格歧视时，每一阶段消费者剩余均为：

$$CS_{u,t} = \sum_{j=1,2} \left\{ \int_0^{\theta_j^*} (V_j + \alpha_j \times n_{A,-j}^{e,t} - \theta_j - p_{A,j}^t) d\theta \right.$$
$$\left. + \int_{\theta_j^*}^1 [V_j + \alpha_j \times n_{B,-j}^{e,t} - (1 - \theta_j) - p_{B,j}^t] d\theta \right\}$$
$$= V_1 + V_2 + (\alpha_1 + \alpha_2)\frac{3}{2} - 2c - \frac{5}{2}$$

则两阶段消费者剩余折现和为：

$$CS_u = 2(V_1 + V_2) + 3(\alpha_1 + \alpha_2) - 4c - 5$$

（2）由机制 4.2 及 BBPD 且无价格承诺时分析可知，此时，第一阶段消费者剩余为：

$$CS_1 = \sum_{j=1,2} \left\{ \int_0^{\theta_j^*} (V_j + \alpha_j \times n_{A,-j}^{e,1} - \theta_j - p_{A,j}^1) d\theta \right.$$
$$\left. + \int_{\theta_j^*}^1 [V_j + \alpha_j \times n_{B,-j}^{e,1} - (1 - \theta_j) - p_{B,j}^1] d\theta \right\}$$

$$=V_1+V_2-2c-\frac{2(\alpha_1-\alpha_2)^2}{3(8\alpha_1^2+20\alpha_1\alpha_2+8\alpha_2^2-9)}+\frac{\alpha_2+\alpha_1-1}{2}$$

第二阶段消费者剩余为：

$$CS_2=\sum_{j=1,2}\left\{\int_0^{\Psi_j}(V_j+\alpha_j\times n_{A,j}^{e,2}-\theta_j-p_{A,j}^{2,o})d\theta\right.$$

$$+\int_{\Psi_j}^{\theta_j^*}[V_j+\alpha_j\times n_{B,-j}^{e,2}-(1-\theta_j)-p_{B,j}^{2,n}]d\theta$$

$$+\int_{\theta_j^*}^{\Omega_j}(V_j+\alpha_j\times n_{A,-j}^{e,2}-\theta_j-p_{A,j}^{2,n})d\theta$$

$$+\left.\int_{\Omega_j}^1[V_j+\alpha_j\times n_{B,-j}^{e,2}-(1-\theta_j)-p_{B,j}^{2,o}]d\theta\right\}$$

$$=V_1+V_2+(\alpha_1+\alpha_2)\frac{3}{2}-2c-\frac{31}{18}$$

两阶段消费者剩余折现和为：

$$CS=CS_1+CS_2=2(V_1+V_2)-4c-\frac{2(\alpha_1-\alpha_2)^2}{3(8\alpha_1^2+20\alpha_1\alpha_2+8\alpha_2^2-9)}$$

$$+2(\alpha_2+\alpha_1)-\frac{20}{9}$$

（3）由机制 4.3 及 BBPD 且有价格承诺时分析可知：

① 第二阶段有用户转移时，第一阶段消费者剩余为：

$$\widetilde{CS_1}=\sum_{j=1,2}\left\{\int_0^{\widetilde{\theta_j^*}}(V_j+\alpha_j\times\widetilde{n_{A,-j}^{e,1}}-\theta_j-\widetilde{p_{A,j}^1})d\theta\right.$$

$$+\left.\int_{\widetilde{\theta_j}}^1[V_j+\alpha_j\times\widetilde{n_{B,-j}^{e,1}}-(1-\theta_j)-\widetilde{p_{B,j}^1}]d\theta\right\}$$

$$=V_1+V_2+\frac{3(\alpha_1+\alpha_2)}{2}-\frac{5}{2}-2c-\frac{\gamma_2+\gamma_1}{\gamma_0}$$

第二阶段消费者剩余为：

$$\widetilde{CS_2}=\sum_{j=1,2}\left\{\int_0^{\widetilde{\Psi_j}}(V_j+\alpha_j\times\widetilde{n_{A,-j}^{e,2}}-\theta_j-\widetilde{p_{A,j}^{2,o}})d\theta\right.$$

$$+ \int_{\widetilde{\Psi_j}}^{\widetilde{\theta_j^*}} [V_j + \alpha_j \times \widetilde{n_{B,-j}^{e;\,2}} - (1-\theta_j) - \widetilde{p_{B,j}^{2;\,n}}]d\theta$$

$$+ \int_{\widetilde{\theta_j^*}}^{\widetilde{\Omega_j}} (V_j + \alpha_j \times \widetilde{n_{A,-j}^{e;\,2}} - \theta_j - \widetilde{p_{A,j}^{2;\,n}})d\theta$$

$$+ \int_{\widetilde{\Omega_j}}^{1} [V_j + \alpha_j \times \widetilde{n_{B,-j}^{e;\,2}} - (1-\theta_j) - \widetilde{p_{B,j}^{2;\,o}}]d\theta \Big\}$$

$$= V_1 + V_2 + \frac{\alpha_1 + \alpha_2}{2} - 2c - \frac{3}{2} - \frac{\gamma_3 + \gamma_4}{\gamma_0}$$

$$+ \widetilde{\Psi_1}\widetilde{\Psi_1} + \widetilde{\Psi_2}\widetilde{\Psi_2} + \widetilde{\Omega_1}\widetilde{\Omega_1} + \widetilde{\Omega_2}\widetilde{\Omega_2}$$

此时,两阶段消费者剩余折现和为:

$$\widetilde{CS} = \widetilde{CS_1} + \widetilde{CS_2} = 2(V_1 + V_2) + 2(\alpha_1 + \alpha_2) - 4c - \frac{\gamma_1 + \gamma_2 + \gamma_3 + \gamma_4}{\gamma_0}$$

$$- 4 + \widetilde{\Psi_1}\widetilde{\Psi_1} + \widetilde{\Psi_2}\widetilde{\Psi_2} + \widetilde{\Omega_1}\widetilde{\Omega_1} + \widetilde{\Omega_2}\widetilde{\Omega_2}$$

② 第二阶段无用户转移时,第一阶段消费者剩余为:

$$\widetilde{CS_1} = \sum_{j=1,\,2} \Big\{ \int_0^{\widetilde{\theta_j^*}} (V_j + \alpha_j \times \widetilde{n_{A,-j}^{e;\,1}} - \theta_j - \widetilde{p_{A,j}^1})d\theta$$

$$+ \int_{\widetilde{\theta_j^*}}^{1} [V_j + \alpha_j \times \widetilde{n_{B,-j}^{e;\,1}} - (1-\theta_j) - \widetilde{p_{B,j}^1}]d\theta \Big\}$$

$$= V_1 + V_2 + \frac{3(\alpha_1 + \alpha_2)}{2} - \frac{5}{2} - 2c - \frac{\gamma_2 + \gamma_1}{\gamma_0}$$

第二阶段消费者剩余为:

$$\widetilde{CS_2} = \sum_{j=1,\,2} \Big\{ \int_0^{\widetilde{\theta_j^*}} (V_j + \alpha_j \times \widetilde{n_{A,-j}^{e;\,2}} - \theta_j - \widetilde{p_{A,j}^{2;\,o}})d\theta$$

$$+ \int_{\widetilde{\theta_j^*}}^{1} [V_j + \alpha_j \times \widetilde{n_{B,-j}^{e;\,2}} - (1-\theta_j) - \widetilde{p_{B,j}^{2;\,o}}]d\theta \Big\}$$

$$= V_1 + V_2 + \frac{(\alpha_1 + \alpha_2)}{2} - 2c - \frac{1}{2} - \frac{\gamma_3 + \gamma_4}{\gamma_0}$$

此时,两阶段消费者剩余折现和为:

$$\widetilde{CS} = \widetilde{CS_1} + \widetilde{CS_2} = 2(V_1 + V_2) + 2(\alpha_1 + \alpha_2) - 3 - 4c - \frac{\gamma_1 + \gamma_2 + \gamma_3 + \gamma_4}{\gamma_0}$$

三、社会福利分析

（1）无价格歧视时，社会总福利为：

$$SW_u = CS_u + \pi_{A,u} + \pi_{B,u} = 2(V_1 + V_2) + \alpha_1 + \alpha_2 - 4c - 1$$

（2）BBPD 且无价格承诺时，社会总福利为：

$$SW = CS + \pi_A + \pi_B = 2(V_1 + V_2) + \alpha_1 + \alpha_2 - 4c - \frac{10}{9}$$

（3）BBPD 且有价格承诺时，存在如下两种情况：

① 在第二阶段存在用户转移情况下，社会总福利为：

$$\widetilde{SW} = \widetilde{CS} + \widetilde{\pi_A} + \widetilde{\pi_B} = 2(V_1 + V_2) + \alpha_1 + \alpha_2 - 4c - 2$$
$$- \frac{\gamma_4(\gamma_5\gamma_4 + \gamma_7\gamma_3) + \gamma_3(\gamma_5\gamma_3 + \gamma_6\gamma_4)}{\gamma_9\gamma_0^2}$$
$$- \frac{(\gamma_5\gamma_4 + \gamma_7\gamma_3)(\gamma_7\gamma_3 + \gamma_8\gamma_4) + (\gamma_5\gamma_3 + \gamma_6\gamma_4)(\gamma_8\gamma_3 + \gamma_6\gamma_4)}{\gamma_9^2\gamma_0^2}$$
$$+ \widetilde{\Psi_1}\widetilde{\Psi_1} + \widetilde{\Psi_2}\widetilde{\Psi_2} + \widetilde{\Omega_1}\widetilde{\Omega_1} + \widetilde{\Omega_2}\widetilde{\Omega_2}$$

② 在第二阶段不存在用户转移情况下，社会总福利为：

$$\widetilde{SW} = \widetilde{CS} + \widetilde{\pi_A} + \widetilde{\pi_B} = 2(V_1 + V_2) + \alpha_1 + \alpha_2 - 4c - 1$$

第五节　数值模拟

由上述三种情况下的平台利润、消费者剩余、社会福利表达式可以看出，难以利用解析解形式对其进行比较分析，因此，采用数值模拟法分析间接网络外部性变化对平台利润、消费者剩余、社会福利等的影响。

不失一般性,我们令 $V_1 = V_2 = 5$,以使得平台选择占优策略时,消费者都能获得正效用,从而使其选择接入一个平台。令 $\alpha_2 = 0.5$,$c = 1$,$\alpha_1 \in (0,1)$[①],分析双边用户间接网络外部性相对大小对平台利润、消费者剩余及社会福利的影响。此时,无论平台进行价格承诺与否,其价格曲线在 $\alpha_1 = 0.5$ 处不连续,因此,在下面图示中,平台利润函数、消费者剩余函数、社会福利函数均在 $\alpha_1 = 0.5$ 处不连续(图 4-2)。

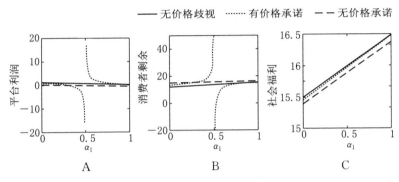

图 4-2 间接网络外部性变化对市场绩效影响示意图

由图 4-2 中 A 图可以看出,在无价格歧视、BBPD 且无价格承诺时,平台利润均随 α_1 增加而减少,且无价格承诺时平台利润低于无价格歧视时平台利润。在 BBPD 且有价格承诺时,其利润函数在 $\alpha_1 = 0.5$ 处出现跳跃,当 $\alpha_1 \in (0,0.5)$ 时,其利润函数随着 α_1 增加而递减直至为负,这是由于在此区间平台对用户定价低于其边际成本甚至采取补贴的形式吸引用户接入平台,当 $\alpha_1 \in (0.5,1)$ 时,其利润函数随 α_1 增加而减少,但其值为正,在间断点处,平台利润从负值跳跃到正值。由此可知,当 $\alpha_1 \in (0,0.5)$ 时,平台占优策略为无价格歧视,当 $\alpha_1 \in (0.5,1)$ 时,平台占优策略为 BBPD 且有价格承诺。BBPD 且无价格承诺为平台严格

---

① 由此获得的结论在其对偶情况 $\alpha_1 = 0.5$、$\alpha_2 \in (0,1)$,即给定 α_1、令 α_2 变化时也成立。

被占优策略。

由图 4-2 中 B 图可以看出,在平台选择无价格歧视、BBPD 且无价格承诺的情况下,消费者剩余均随着 α_1 增加而递增。与无价格歧视时相比,BBPD 且无价格承诺将导致消费者剩余增加;当平台选择 BBPD 且有价格承诺时,消费者剩余函数在 $\alpha_1 = 0.5$ 处出现跳跃,当 $\alpha_1 \in (0, 0.5)$ 时,消费者剩余将增加,当 $\alpha_1 \in (0.5, 1)$ 时,消费者剩余将减少。

由图 4-2 中 C 图可以看出,在三种机制下社会福利均随 α_1 增加而递增。与无价格歧视时社会福利相比,平台选择 BBPD 时无论其进行价格承诺与否都将减少社会福利,且无价格承诺时社会福利低于有价格承诺时社会福利。

综合上述对平台利润、消费者剩余及社会福利的分析,可以得出**命题 4.3**:

(1) 给定 $\alpha_j \in (0, 1)$,将存在一个 α_{-j}^* 使得平台选择 BBPD(无价格承诺、有价格承诺)时双边用户定价、平台利润、消费者剩余及社会福利等函数存在一个间断点,若 $\alpha_{-j}^* \in (0, 1)$,导致上述函数在 $\alpha_{-j} \in (0, \alpha_{-j}^*)$ 与 $(\alpha_{-j}^*, 1)$ 两个区间内出现跳跃且其函数性质略有不同。

(2) 对平台利润而言,BBPD 且无价格承诺导致平台利润减少;当平台选择 BBPD 且有价格承诺时,若 $\alpha_{-j} \in (0, \alpha_{-j}^*)$,将导致平台利润损失,若 $\alpha_{-j} \in (\alpha_{-j}^*, 1)$,将导致平台利润增加。平台占优策略为:若 $\alpha_{-j} \in (0, \alpha_{-j}^*)$,选择无价格歧视,若 $\alpha_{-j} \in (\alpha_{-j}^*, 1)$,选择 BBPD 且有价格承诺;BBPD 且无价格承诺为其严格被占优策略。

(3) 对消费者剩余而言,BBPD 且无价格承诺总会增加消费者剩余,而 BBPD 且有价格承诺既可能增加也可能减少消费者剩余;当平台占优策略为 BBPD 且有价格承诺时将导致消费者剩余减少。

(4) 对于社会福利而言,只要平台选择 BBPD 定价行为,无论其是否进行价格承诺,都将导致社会福利减少,且无价格承诺时社会福利低于有价格承诺时。

由于本章模型假设与既有文献存在一定差异,导致上述结论与既有文献研究均存在不同之处,其中最为重要的是与毕菁佩和舒华英(2016)、卡罗尼(Carroni,2018)的研究存在的差异,其文章均只分析双边市场平台采用 BBPD 且无价格承诺策略的情况。通过本章分析可以发现,BBPD 且无价格承诺为双边市场平台的严格被占优策略,这是本书对现有研究的一个重要贡献。

第六节　本章小结

本章通过构建两阶段博弈模型,研究双边用户跨期偏好不变的情况下,平台对双边用户均采用 BBPD(无价格承诺、有价格承诺)时的定价机制及市场绩效。本章研究表明:(1)均衡时,BBPD 且无价格承诺为严格被占优策略,平台将选择无价格歧视或 BBPD 且有价格承诺;(2)平台选择 BBPD 且有价格承诺时,导致消费者剩余、社会福利损失;(3)平台选择 BBPD 时,若无价格承诺,将加剧第二阶段竞争,第一阶段是否加剧竞争取决于双边用户间接网络外部性相对大小,若有价格承诺,则两阶段竞争是否加剧都取决于间接网络外部性相对大小;(4)平台选择 BBPD 定价行为时,无论有无价格承诺,其第二阶段定价均受第一阶段所获双边用户市场份额影响。

通过本章分析可以发现:间接网络外部性的存在,使平台对一边用户定价行为不仅影响本边用户决策,还将通过间接网络外部性影响另一边用户决策;当平台选择 BBPD 时,其第一阶段定价还会通过第一阶段所获双边用户市场份额影响其第二阶段对双边新老用户的定价,进而影响第二阶段双边新老用户的决策;当平台选择 BBPD 且有价格承诺时,其在第一阶段对双边老客户的承诺定价还会影响第二阶段对双边新用户的定价,进而影响双边新用户决策。这三种影响因素共同作用,导致间接网络外部性对 BBPD 定价行为的影响比直接网络外部性更为复杂。

　　本章研究是对双边市场定价理论的有益补充。本章研究表明：在消费者跨期偏好不变时，BBPD且无价格承诺是平台企业严格被占优策略，均衡时平台将根据间接网络外部性的变化选择BBPD且有价格承诺或无价格歧视。这为双边市场平台BBPD定价行为研究提供了不同视角。

　　本章结论可以很好地解释一些平台企业的定价行为。如在网约车行业中，一方面，如果乘客多次使用某网约车平台，则该平台将对乘客提供较少折扣，而对新接入乘客提供较多折扣，但随着新乘客接入平台次数的增加，折扣将不断减少，这是对新客户的价格优惠；另一方面，如果车主累积工作时间较长，则平台将对该车主提供较多的佣金折扣，或者对车主优先分配优质订单，这是对老用户的一种价格优惠；同时，平台对乘客、车主的优惠幅度并不相同。这些现象就是本章所说的"因双边用户间接网络外部性相对大小不同，平台对其双边客户、新老客户收取费用也不同"。

　　本章研究对双边市场平台定价机制选择具有指导意义。本章研究表明，均衡时双边市场平台占优策略随双边用户间接网络外部性相对大小的变化而不同，因此平台对双边用户定价行为应据此调整。本章研究对加强监管也有一定的参考价值，根据本章结论，双边市场平台选择BBPD且有价格承诺将导致消费者剩余、社会福利损失，这为加强对平台定价行为监管提供了理论依据。

第五章　直接网络外部性主导的平台企业 BBPD 定价行为：实验检验

　　基于第三章所构建的理论模型，本章设计相应可控实验室实验，对第三章主要结论进行验证。实验结果表明：所有实验局中，被试第二阶段定价显著低于第一阶段定价，当被试可以对其新老顾客进行价格歧视时，存在显著的对新用户优惠定价倾向；价格歧视将导致被试定价、利润、消费者剩余及社会福利减少；直接网络外部性增加，可能会导致被试利润增加、消费者剩余减少，但在所有情况下，社会总福利都减少。整体来看，本章实证结果基本验证了第三章理论分析的主要结论。

第一节　引言

　　本章实验共分三个实验局，分别对应第三章理论分析中三种定价策略：无价格歧视、BBPD 且无价格承诺、BBPD 且有价格承诺。在三种定价策略下，被试分别进行相应定价决策，该决策过程严格按照第三章理论分析博弈过程设定。被试在阅读完实验说明、通过问题测试后，开始进行正式实验，实验结束后被试获得报酬。此外，在理论分析中，并未考虑直接网络外部性、用户数量、偏好异质性等参数量级的影响，若严格按理论分析中量级设定，则被试定价决策区间较小，难以有效观测到被试定价行为，因此，在实验设计中对相关参数量级进行了调整，以利于实验的开展。

本章实验结果表明：(1)当企业采取 BBPD 时,总存在"杀熟"行为,即企业对老顾客收取更高的费用。(2)采用 BBPD 策略定价时,企业的价格竞争加剧,企业的总利润低于无价格歧视时,且有价格承诺时的企业利润低于无价格承诺时。(3)网络外部性增加在三种定价策略下都会导致定价降低、加剧企业竞争;而在两种 BBPD 策略下,网络外部性增加会导致对新顾客的价格倾斜程度减少,缩小新老顾客价格差,缓和"杀熟"现象。

本章第二部分为实验设计,简要阐述本章实验的实验任务设计、实验局设计、理论结果预测、实验实施等情况;第三部分为实验结果分析,根据被试定价数据,对理论预期结果进行实证检验;第四部分为本章小结。

第二节　理论预测

基于第三章定价机制及分析过程可以提出如下预测①：

预测 5.1　三种机制的定价水平呈现如下关系:(1)与无价格歧视时相比,无承诺 BBPD 的一阶段定价,在 $\alpha \in \left(0, \dfrac{1}{3}\right)$ 时高于无歧视时,在 $\alpha \in \left(\dfrac{1}{3}, \dfrac{1}{2}\right)$ 时低于无歧视时,第二阶段新老顾客的定价总低于无歧视时;(2)与无价格歧视时相比,有承诺 BBPD 的第一阶段定价、第二阶段新老顾客的定价总低于无歧视时;(3)与无承诺 BBPD 时相比,有承诺 BBPD 时企业的一阶段定价与二阶段老顾客定价均更低,企业二阶段新顾客定价在 $\alpha \in \left(0, \dfrac{1}{3}\right)$ 时低于无承诺 BBPD,在 $\alpha \in \left(\dfrac{1}{3}, \dfrac{1}{2}\right)$ 时高于无承诺 BBPD。

---

①　通过对前述三种机制中表达式求差、求导等运算即可得出预测结论,因此文中不再专门给出推导过程,详见本书附录二。

通过计算不同机制间各价格的差异可得预测 5.1。可以发现，整体而言，BBPD 策略将加剧企业间竞争，且有承诺 BBPD 时企业间竞争程度比无承诺 BBPD 时更激烈。这与价格歧视的常见结果相反，引入 BBPD 后价格反而降低。这是因为先前往往习惯在垄断条件下讨论价格歧视问题，但当下现实中企业并非只能在垄断时采用 BBPD 策略，更多的情况是对顾客的 BBPD 行为与企业间竞争同时出现，此时 BBPD 使企业的价格竞争渠道变得丰富：不同于无歧视时面向全市场的统一定价，BBPD 时企业可以针对自己的潜在新顾客降低定价，力图从对手处争取更多顾客；而为了防御对手的降价抢客行为，企业需要适当降价以尽可能保存老顾客。在有承诺 BBPD 时，由于企业在第一阶段预先对老顾客定价，双方在第二阶段争取制定新顾客价格时有了明确的参照点，双方的"价格攻防"更加激烈。

而子预测 5.1(1) 和 5.1(3) 中受网络外部性水平影响的定价关系，也反映了双方"价格攻防"中的逻辑：在子预测 5.1(1) 中，$\alpha \in \left(0, \frac{1}{3}\right)$，即网络外部性较低时，无承诺 BBPD 的一阶段定价高于无歧视时，因为此时网络外部性给消费者带来的效用较低，消费者相对更容易在第二阶段受价格影响而转移购买，所以第二阶段的价格竞争非常激烈。在此情况下企业在第一阶段价格稍高反而可能有一定优势，高价格使得其当期利润更高，尽管会导致市场份额较低，但这一方面意味着第二阶段的潜在新顾客更多，另一方面老顾客有更高的偏好水平，这使得企业在第二阶段相对更容易争取到新顾客且相对更容易留住老顾客。而当网络外部性较高，即 $\alpha \in \left(\frac{1}{3}, \frac{1}{2}\right)$ 时，消费者因网络外部性获得的效用高，导致无承诺 BBPD 时在第二阶段的价格竞争较难影响消费者的购买选择，企业因此更重视在第一阶段积累老顾客，第一阶段的价格竞争变得激烈，价格趋于下降，最终横向比较低于无歧视时。类似地，在子预测 5.1(3)中，无承诺 BBPD 与有承诺 BBPD 时第二阶段新顾客定价大小关系随网络外部性水平的变化，也是因为网络外部性水平影响了企业的竞争策略：由于有承诺 BBPD 时企业可以参照对手对老顾客定价制定对新顾客价格，因此对新顾客的价格竞争会比无承诺 BBPD 时更激烈。当网络外部性较低时，即 $\alpha \in \left(0, \dfrac{1}{3}\right)$，对新顾客定低价容易吸引到顾客，有承诺 BBPD 时的新顾客价格低于无承诺 BBPD 时；当网络外部性较高时，即 $\alpha \in \left(\dfrac{1}{3}, \dfrac{1}{2}\right)$，对新顾客的价格竞争难以吸引到顾客，有承诺 BBPD 时企业对新顾客的价格竞争程度能更敏锐地调整，对新顾客的定价倾斜逐渐减少，最终价格高于无承诺 BBPD 时。

预测 5.2 当企业采取 BBPD 策略时，存在"杀熟"行为，即企业对老顾客收取更高的费用。

通过计算两个 BBPD 机制下老顾客与新顾客价格的差值可得预测 5.2。在机制 3.2、机制 3.3 中，分析企业对第二阶段新老顾客定价，可以明显得出该结论。其原因在于，当消费者选择接入某企业时，其效用受自身偏好、网络外部性及企业定价三重影响。正如上文中对图 3-1 的描述，接近两侧端点，对特定企业有强烈偏好的消费者不易在第二阶段转移，而位于轴线中部的、对两家企业偏好差异不大的消费者容易受定价影响发生转移。即对于企业而言，其第二阶段目标新顾客对其偏好弱于老顾客，企业必须对目标新顾客降低定价以吸引更多消费者转移；而老顾客对其有较强偏好，相较于目标新顾客可以接受相对更高的价格。

预测 5.3 采用 BBPD 策略时，企业利润低于无价格歧视时，且有价格承诺时的企业利润低于无价格承诺时。

均衡时两企业获得利润相同，在此以企业 A 的利润 $\pi_A = \theta_* \times (p_A^1 - c) + \delta_f \times [\Psi \times (p_A^{2,o} - c) + (\Omega - \theta_*) \times (p_A^{2,n} - c)]$ 为例，代入相应变量的表达式计算可得预测 5.3。由预测 5.1 可知，无承诺 BBPD 时，尽管企

业一阶段定价可能高于无歧视时,并由此带来利润增加,但企业第二阶段定价均低于无歧视时,此时企业第二阶段利润减少程度高于第一阶段利润增加程度,导致其两阶段总利润低于无歧视时的总利润。有承诺BBPD时,企业两阶段定价均低于无歧视时,由此其利润将明显低于无歧视时。

同时,与无承诺BBPD相比,尽管有承诺BBPD时企业第二阶段对新顾客定价可能高于无承诺BBPD时,由此导致从二阶段新顾客身上所获利润高于无承诺BBPD时,但其一阶段定价、二阶段老顾客定价均低于无承诺BBPD时,由此导致企业从一阶段顾客、二阶段老顾客身上所获利润低于无承诺BBPD时,且该利润降低程度超过从二阶段新顾客所获利润增加程度,由此导致有承诺BBPD时企业利润低于无承诺BBPD时。

预测 5.4 在三种定价策略下,网络外部性增加均会导致定价降低、加剧企业竞争;而在两种 BBPD 策略下,网络外部性增加会导致对新老顾客的价格差缩小,缓和"杀熟"现象。

对各机制下的价格变量求网络外部性 α 的一阶导数可得预测 5.4。网络外部性的增加有两方面的作用:一方面,当网络外部性增加时,企业拥有的顾客数量越多对新顾客吸引力越大,此时,企业通过降价既可以稳固老顾客群体又可以获取更多新顾客,企业竞争优势将会被放大,这使得企业更重视获得价格优势,导致三种定价策略下价格均降低、竞争均加剧;另一方面,随着网络外部性的增加,消费者从网络外部性中获得的效用比重增加,导致企业在第二阶段通过价格优势获取新顾客的能力下降,因此企业对获取新顾客的积极性也相应降低,这导致企业对新顾客的定价倾斜减少,新老顾客的价格差缩小。

第三节 实验设计

对于第三章理论分析,运用真实数据进行实证分析存在困难,至少有潜在样本不足与数据难以获取的问题。对于本书关注的网络外部性背景下的基于购买行为的价格歧视问题，在当下数字经济相关的场景中更多见，数字化的服务平台集聚具有网络外部性的消费者群体，其定价策略固定在平台的算法中。因此各企业的算法而非消费者获得的价格才是本书关注的潜在样本，但潜在样本明显不足。更重要的是，各平台的算法是关键的商业机密，尤其在《国务院反垄断委员会关于平台经济领域的反垄断指南》发布后，平台"基于大数据和算法，根据交易相对人的支付能力、消费偏好、使用习惯等，实行差异性交易价格或者其他交易条件"被明确列为规制对象，研究者几乎不可能获得相关数据。

实验方法是检验本书结论的可行方案。尽管实验数据并不来自现实经济活动，真实性有所缺失，但在因果识别方面具有优势，对于机制检验有很好的解释力。实验方法有效性的根本来源，是能够在控制其他因素不变的情况下通过实验局效应识别因果关系。在合理的实验设计下，相互比较的实验局之间的博弈要素与博弈环境应保持一致，仅有待检验的变量有所区别，那么两个实验局之间结果的差异只能来自该变量，研究者以此进行因果识别。并且，有效的实验设计必须排除内生性、有偏性等影响因果识别的因素，从实验中得到的因果关系更加干净可靠。实验的控制性同样降低了对样本的需求，实验研究不需要像计量研究一样通过大样本和复杂的数据处理排除内生性、有偏性等问题，而是通过严谨的实验设计实现。且小样本数据的计量方法也日趋成熟，因此实验方法能够以相对较小的样本量满足统计可靠性（Falk & Hackman，2009）。[①]对于以机制检验为目的的实验研究，一方面实验能够直观地观察机制运行的基本逻辑与实施结果是否与预测一致，从而检验机制设计的有效性；另一方面，若待检验机制合理刻画了现实情境

---

① 此外，对于实验室实验，明确的实验设计与易得的被试群体使得研究具有良好的可重复性，其他研究者可以通过复制实验检验研究结果的有效性。因此实验结果的可靠性并不会因为单个研究的样本量较小而被削弱。

中的关键因素,实验室中获得的结果也能有效地预测现实结果,对拍卖机制的相关研究是典型的案例。

一、实验任务设计

基于第三章模型及博弈过程,本章设计相应实验。在本章实验中,寡头卖家通过价格竞争争夺市场,卖家提供同质产品,并在无价格歧视、BBPD且有价格承诺、BBPD且无价格承诺三个实验局下进行定价决策。顾客对卖家产品具有不同偏好,每一期都选择购买一单位产品,该购买决策基于卖家定价、自身偏好及直接网络外部性作出。每一轮实验包括两期决策,每一期的卖家、顾客分别作出相应定价、购买决策。

实验中,被试角色为寡头竞争的卖家,在不同的实验局中面临不同决策行为:在无价格歧视局中,被试不区分新老顾客,两期均进行统一定价;在BBPD且无价格承诺局中,被试第二阶段可以区分新老顾客并进行价格歧视,但第一阶段无须对老顾客进行价格承诺;在BBPD且有价格承诺局中,被试第二阶段可以区分新老顾客并对其进行价格歧视,第一阶段需要对老顾客进行价格承诺。

消费者由计算机程序扮演,该程序依据模型博弈过程及实验参数编写,可以根据卖家定价情况,"理性预期"到博弈各阶段两卖家所获顾客数量,进而计算出光临不同卖家所能获得的直接网络外部性,在此基础上作出每阶段最优购买决策。

如第一章研究难点所述,为有效观测被试价格决策行为,在实验设计中对相应参数进行重新设定。其中,每增加一位顾客给被试增加的成本为5,顾客总量设定为100,代表性顾客偏好区间为$\theta \in [0, 100]$,该偏好为相对于卖家A,代表性顾客对卖家B的偏好。由此,卖家A位于$\theta = 0$处,卖家B位于$\theta = 100$处。利用$\alpha = 0.15$、$\alpha = 0.35$分别代表直接网络外部性较低、较高的情况,据此对模型博弈过程、每阶段博弈结果进行调整并编写计算机程序。

每轮实验中,被试两两匹配进行寡头竞争,新一轮实验开始前,被试均随机匿名重新匹配。在每轮实验中,被试决策均有三个阶段,第一阶段对第一阶段出价进行决策,第二阶段在看到第一阶段竞争结果之后,对第二阶段出价作出决策,第三阶段观察两阶段博弈竞争结果。看到被试定价之后,计算机程序作出符合"理性预期"的购买决策。

本章实验采用非中性框架。用艺术街两端的咖啡馆模拟寡头竞争企业,被试角色即为相互竞争的咖啡馆老板,以质量、口感相同的咖啡模拟同质产品,被试之间通过价格竞争争夺顾客。以艺术街上位置固定的艺术家模拟具有固定偏好的消费者,以艺术家之间扎堆交流灵感的需求模拟直接网络外部性。依据理论分析三种情况分别设定实验局,在每轮实验中,艺术家在上午、下午两次光顾咖啡馆,被试分别进行相应定价决策,以此模拟两阶段博弈。详细实验说明,详见本书附录二。

一般情况下,对机制检验的实验设计都采用中性框架,在本章预实验设计中也采用中性框架,但预实验结果表明,第三章理论分析中博弈过程较为复杂、相应概念较为抽象,被试难以理解,由此在本章正式实验中采用现有框架。同时,现有框架设计符合第三章的博弈逻辑、概念设定;相关概念、竞争过程不涉及价值判断,且被试决策不会受现实平台企业定价行为的影响;咖啡馆定价为常见场景,既易于被试理解也能够有效展示理论分析主要机制。

实验中被试决策界面如图 5-1 所示。

该界面为 BBPD 且无价格承诺时被试决策界面,其他两种情况与此大体相同,但根据被试第一阶段、第二阶段决策内容进行调整。其中,界面上部区域是当天竞争结果展示区域,左侧条块代表被试两阶段所获顾客数量,右侧条块代表对手两阶段所获顾客数量(区分新老顾客);界面中间区域是被试定价输入区域;界面下部区域是历史竞争结果展示区域,在此展示之前"各轮"被试及其对手的定价、顾客数量、获得利润等情况。

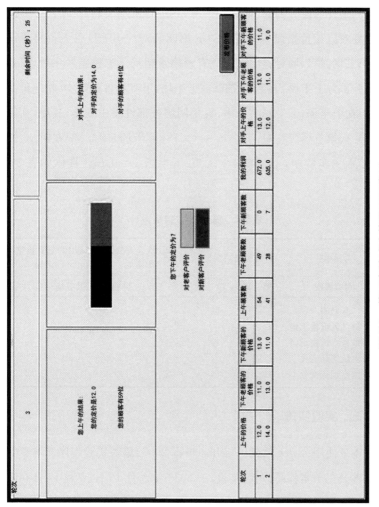

图 5-1　第五章被试决策界面示意图

二、实验局设计

为研究网络外部性变化对被试定价行为的影响,各实验局中均将直接网络外部性分为高、低两种情况,共进行六场实验,其中:第一场、第二场对应无价格歧视局,第三场、第四场对应 BBPD 且无价格承诺局,第五场、第六场对应 BBPD 且有价格承诺局。为控制顺序效应,每场实验都分上半场、下半场,被试在上半场、下半场各进行 10 轮定价决策,但在上半场、下半场实验中,直接网络外部性发生变化,其中,在第一、第三、第五场实验中,上半场 $\alpha=0.15$、下半场 $\alpha=0.35$,在第二、第四、第六场实验中,上半场 $\alpha=0.35$、下半场 $\alpha=0.15$。具体如表 5-1 所示:

表 5-1　第五章实验局设计

实验局	无价格歧视局		BBPD 且无价格承诺局		BBPD 且有价格承诺局	
实验场次	第一场	第二场	第三场	第四场	第五场	第六场
无歧视	✓	✓				
BBPD 且无价格承诺			✓	✓		
BBPD 且有价格承诺					✓	✓
α 由低到高变化	✓		✓		✓	
α 由高到低变化		✓		✓		✓

三、实验实施

本章使用 Z-tree 软件(Fischbacher,2007)编写实验程序。本章实验共涉及三个实验局、六场实验,于 2020 年 5 月 16 日、5 月 17 日在浙江财经大学经济行为与决策研究中心依次进行,每天上午进行一场、下午进行两场。实验被试从该中心被试库中随机招募,以本科生为主,也有少量硕士研究生,所有被试都没有参加过与本书研究主题相近的实验,但参加过该中心之前其他主题的实验。这六场实验的被试同时招募,避免出现同一被试重复参加不同场实验的情况。对这六场实验,共招募被试122人、获得2 440组数据。具体如表5-2所示:

表5-2　不同场次实验中被试人数及数据组数

实验场次	第一场	第二场	第三场	第四场	第五场	第六场
被试人数	22	20	18	20	22	20
数据组数	440	400	360	400	440	400

在进入实验室后,被试阅读纸质版实验说明,并完成相应测试性问题。待所有被试都通过问题测试之后,开始正式实验。被试最终收益包括出场费、实验收益两部分,其中实验收益为被试累计利润按照400∶1比例折算为人民币。被试事先并不知道实验持续轮数,但知道其利润折现比率。每场实验持续时间约1个小时,被试平均总收益约为48元。

四、实验结果预测

根据理论模型的分析与上述实验参数,可计算出实验预期结果(表5-3)。表5-3中的结果符合理论分析中所得预测5.1—5.4。

表5-3　实验结果预测

实验局		无价格歧视局		无承诺 BBPD 局		有承诺 BBPD 局	
		$\alpha=0.15$	$\alpha=0.35$	$\alpha=0.15$	$\alpha=0.35$	$\alpha=0.15$	$\alpha=0.35$
第一阶段定价 p^1		13.5	11.5	16.1	10.9	12.7	7.3
第二阶段定价 p^2	对老顾客 $p^{2,o}$	13.5	11.5	10.2	8.2	8.5	6.7
	对新顾客 $p^{2,n}$			6.8	4.8	6.2	4.7
每轮利润		850	650	757.2	397.2	534.7	183.8

第四节　结果分析

本书附录三对三种定价策略下直接网络外部性变化时被试定价、顾客数量、所获利润等进行了描述性统计。

本节对实验结果展开分析,共分为三个部分:首先分析各实验局的价格变化,对应预测 5.1 与预测 5.2;第二部分分析各实验局中企业的利润比较,对应预测 5.3;第三部分关注各实验局内部由网络外部性 α 变动带来的影响,对应预测 5.4。

一、定价分析与"杀熟"现象

表 5-4 对各实验局定价进行了描述性统计,表的下半部分为各实验局间不同定价的 Wilcoxon 秩和检验结果。通过表 5-4 的结果可以对预测 5.1 进行验证。第一,无价格歧视局与无承诺 BBPD 局的定价相比,当 $\alpha=0.15$ 时无承诺 BBPD 局的第一阶段定价 p^1 显著高于无歧视局,而当 $\alpha=0.35$ 时无承诺 BBPD 局中的 p^1 略低于后者,但非参检验结果显示并不显著。而对老顾客的定价 $p^{2,o}$ 与对新顾客的定价 $p^{2,n}$,在不同网络外部性 α 下,无承诺 BBPD 局的定价均显著低于无价格歧视局。第二,无价格歧视局与有承诺 BBPD 局的定价相比,对于任意外部性 α 下的所有价格类型,有承诺 BBPD 局的定价均低于无价格歧视局,且非参检验结果表明两个实验局的各项价格差异均在 1‰ 的水平显著。第三,无承诺 BBPD 局与有承诺 BBPD 局的定价相比,对于任意网络外部性 α 下的所有价格类型,有承诺 BBPD 局的定价均显著低于无承诺 BBPD 局。以上结果基本符合预测 5.1 的推断,唯一不符合的是对于无承诺 BBPD 局与有承诺 BBPD 局新顾客的定价 $p^{2,n}$ 的推断,实验结果并未如预测中在不同外部性水平下发生 $p^{2,n}$ 相对大小的变化。①实验结

---

① 理论分析中,$\alpha \in \left(\dfrac{1}{3}, \dfrac{1}{2} \right)$ 时有承诺 BBPD 情形下对新顾客定价 $p^{2,n}$ 高于无承诺 BBPD 情形的实际原因与预测 5.4 相关,即网络外部性越高,企业越难在第二阶段争夺到新顾客,因此企业通过差别定价获取新顾客的意愿降低,这导致新老顾客价格差的缩小,即"杀熟"得到缓和。预测 5.1 中对于有承诺 BBPD 局与无承诺 BBPD 局在新顾客定价 $p^{2,n}$ 的差异预测,只是以上逻辑的一个侧面结果,经济学意义较弱。从本节第三部分的分析可以得知,预测 5.4 的关键结论得到了实验结果证实,因此我们不再关注预测 5.1 中理论与实验的细小差异。

果支持了预测 5.1。

表 5-4　各实验局价格的描述性统计与非参检验

实验局	无价格歧视局		无承诺 BBPD 局		有承诺 BBPD 局	
	$\alpha=0.15$	$\alpha=0.35$	$\alpha=0.15$	$\alpha=0.35$	$\alpha=0.15$	$\alpha=0.35$
第一阶段定价 p^1	12.20	11.30	13.55	11.27	11.48	9.84
	(1.63)	(1.65)	(2.20)	(1.83)	(1.83)	(1.63)
第二阶段对老顾客定价 $p^{2,o}$	11.99	10.91	10.70	8.47	8.72	7.45
	(1.82)	(1.69)	(2.15)	(1.62)	(1.49)	(1.22)
对新顾客定价 $p^{2,n}$	—	—	9.30	7.62	8.03	7.01
			(2.03)	(1.31)	(1.53)	(1.62)

Wilcoxon 秩和检验：

	无价格歧视局 vs. 无承诺 BBPD 局		无价格歧视局 vs. 有承诺 BBPD 局		无承诺 BBPD 局 vs. 有承诺 BBPD 局	
第一阶段定价 p^1	$z=-9.086$	$z=-0.306$	$z=8.377$	$z=13.181$	$z=14.602$	$z=11.800$
	$P=0.000$	$P=0.760$	$P=0.000$	$P=0.000$	$P=0.000$	$P=0.000$
第二阶段对老顾客定价 $p^{2,o}$	$z=9.507$	$z=17.365$	$z=21.027$	$z=23.259$	$z=14.158$	$z=9.025$
	$P=0.000$	$P=0.000$	$P=0.000$	$P=0.000$	$P=0.000$	$P=0.000$
第二阶段对新顾客定价 $p^{2,n}$	$z=17.354$	$z=21.697$	$z=23.023$	$z=23.307$	$z=10.487$	$z=7.496$
	$P=0.000$	$P=0.000$	$P=0.000$	$P=0.000$	$P=0.000$	$P=0.000$

　　从表 5-4 中可以观察到，在两个 BBPD 实验局中的不同网络外部性水平下，第二阶段对老顾客的定价总是高于对新顾客的定价，即出现了预测 5.2 中描述的"杀熟"现象。为了进一步确认"杀熟"行为的稳定性，我们绘制了两个 BBPD 实验局中被试第二阶段定价的轮次变化趋势图（图 5-2）。图 5-2 中将同一实验局中不同网络外部性 α 取值下的价格取均值，以便在图中进行展示与比较，其中实线表示对老顾客的平均定价，虚线表示对新顾客的平均定价。从图中可见，在各实验局中，被试对顾客均持续地进行了"杀熟"，在各轮次中被试对老顾客的定价总是高于新顾客定价。我们还对新老顾客定价进行配对样本的非参检验，Wilcoxon 符号秩检验显示，无承诺 BBPD 局中 $z=17.013$，$P=0.000$，

有承诺 BBPD 实验局中 $z=12.174$，$P=0.000$。以上分析清晰表明，企业在第二阶段对老顾客制定相对高价的"杀熟"行为稳定存在，预测 5.2 得到实验结果的证实。

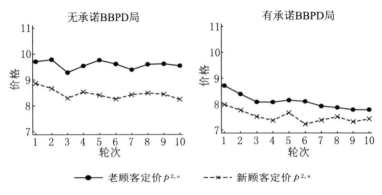

图 5-2　BBPD 实验局第二阶段定价的轮次变化

二、企业利润分析

预测 5.2 认为，采用 BBPD 策略后企业的利润总是低于无歧视的情形，且有承诺 BBPD 时的利润进一步低于无承诺 BBPD 时。图 5-3 为三个实验局的利润分布图，图中深色条块代表企业在第一阶段的平均利润，浅色条块为企业在第二阶段的平均利润，两个条块的累积代表企业的平均总利润。从图中可见，无歧视局的第一阶段利润显著地低于无承诺 BBPD 局（Wilcoxon 秩和检验，下同：$z=-5.787$，$P=0.000$），且显著地高于有承诺 BBPD 局（$z=10.604$，$P=0.000$）。企业在无承诺 BBPD 局中第一阶段有更高的利润，显然是因为其在第一阶段的定价更高（表 5-3），但 BBPD 策略下企业在第二阶段的利润大幅减少，导致该策略下的企业总利润总低于无歧视局（无歧视局 vs.无承诺 BBPD 局：$z=11.645$，$P=0.000$；无歧视局 vs.有承诺 BBPD 局：$z=27.042$，$P=0.000$）。从图 5-3 可知，预测 5.3 得到了实验结果的证实。

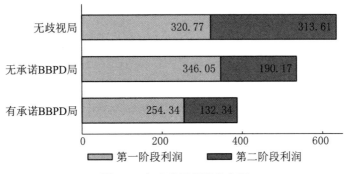

图 5-3 各实验局利润分布图

两个 BBPD 实验局中企业在第二阶段的低利润显然是价格竞争造成的,我们好奇企业的价格竞争是否能有效地吸引顾客。图 5-4 为两个 BBPD 实验局中第二阶段的顾客分布,深色条块表示第二阶段获得的老顾客平均比例,浅色条块表示第二阶段获得的新顾客平均比例。从图中可见有承诺 BBPD 局中新顾客的平均比例为 21.12%,显著高于无承诺 BBPD 局中 15.69% 的比例(Wilcoxon 秩和检验:$z = 4.866$, $P = 0.000$)。即企业在有承诺 BBPD 局中因为价格竞争更加激烈,造成了更大规模的顾客流动,企业在承诺对老顾客定价时反而保留的老顾客更少了。

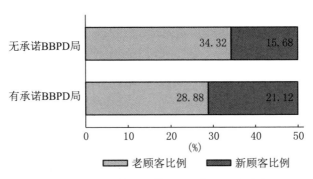

图 5-4 BBPD 策略下第二阶段新老顾客分布

三、网络外部性影响分析

预测 5.4 认为网络外部性的增加会降低各实验局的定价与企业利润,且在 BBPD 策略下企业对新老顾客定价的价格差会缩小,"杀熟"程度相对缓和。对于各定价的描述性统计,表 5-4 中已经展示,比较各实验局中在网络外部性 α 不同水平下的各类价格,可以观察到各情形下 $\alpha=0.35$ 时的定价总是低于 $\alpha=0.15$ 的水平,且非参检验结果表明不同网络外部性水平间的价格差是显著的。由此形成了企业利润的变化,表 5-5 展示了各种情形下的企业利润,由表中可见在各实验局中,$\alpha=0.35$ 时的各期利润总是低于 $\alpha=0.15$ 时。而关于"杀熟"力度的变化,从表 5-4 中简单计算可知,在无承诺 BBPD 局中,$\alpha=0.15$ 时新老顾客的平均价格差为 1.4,$\alpha=0.35$ 时新老顾客的平均价格差为 0.85;在有承诺 BBPD 局中,$\alpha=0.15$ 时新老顾客的平均价格差为 0.69,$\alpha=0.35$ 时新老顾客的平均价格差为 0.44。可以观察到,随着网络外部性 α 的增加,企业对新老顾客定价的差异显著变小,"杀熟"的力度有所下降。综上,预测 5.4 也得到了实验结果的证实。

表 5-5　区分网络外部性的利润描述性统计

实验局	无价格歧视局		无承诺 BBPD 局		有承诺 BBPD 局	
	$\alpha=0.15$	$\alpha=0.35$	$\alpha=0.15$	$\alpha=0.35$	$\alpha=0.15$	$\alpha=0.35$
第一阶段利润 $Profit1$	346.15	295.39	405.44	286.66	299.28	209.39
	(76.81)	(87.33)	(93.99)	(104.30)	(105.46)	(155.87)
第二阶段利润 $Profit2$	341.16	286.06	240.86	139.49	165.51	99.17
	(88.93)	(84.97)	(95.92)	(95.57)	(50.79)	(90.77)
总利润 $Total\ Profit$	689.32	581.45	646.29	426.15	464.79	308.56
	(152.34)	(156.49)	(154.34)	(124.71)	(111.64)	(129.22)

表 5-6 为对企业定价、利润与"杀熟"行为的全样本面板回归。表中回归(1)—(3)分别为对第一阶段定价 p^1、第二阶段老顾客定价 $p^{2,o}$ 与第二阶段新顾客定价 $p^{2,n}$ 的回归。回归中,"无承诺 BBPD 局"和"有承

诺 BBPD"局均为虚拟变量,相应实验局取值为 1,否则为 0。"直接网络外部性"也为虚拟变量,$\alpha=0.35$ 的样本中该变量取值为 1,否则取值为 0。回归中控制了轮次、性别与风险偏好 3 个变量。其中,"轮次"为实验中 2 个任务的累计轮次,例如若某个样本为任务 2 中第 1 轮的价格,其"轮次"变量取值为 11。"风险偏好"变量来自实验后的问卷中的问题:"在以下 3 个投资选择中,您更倾向于哪一个?1.一定赚 5%;2.可能亏 30%,可能赚 70%;3.可能全部亏损,可能赚 300%",取值越高表示越喜欢风险。回归(1)—(3)的结果中,"网络外部性"变量均在 1% 的水平显著为负,即表明网络外部性的提高显著地降低了企业的各种定价。此外,回归(1)—(3)也印证了预测 5.1 中的一些内容:回归(1)显示"无承诺 BBPD 局"变量显著为正,"有承诺 BBPD 局"变量显著为负,即与无歧视局相比无承诺 BBPD 局的第一阶段定价 p^1 显著更高,而有承诺 BBPD 局的 p^1 显著更低,这一结果与表 5-4 的结果一致。而回归(2)与(3)中,"无承诺 BBPD 局"与"有承诺 BBPD 局"均显著为负,表示与无歧视局相比,两个 BBPD 局在第二阶段的两个定价均显著更低,也与表 5-3 的结果一致。

回归(4)为对企业总利润的回归,各变量含义与回归(1)—(3)一致。回归显示,"网络外部性"变量显著为负,即外部性的增加降低了企业的总利润,支持了预测 5.4。同时,"无承诺 BBPD 局"与"有承诺 BBPD 局"的变量均显著为负,表明两个 BBPD 局中企业的总利润显著地低于无歧视局,与图 5-3 显示的结果及预测 5.3 一致。

回归(5)为对"杀熟"程度的回归,被解释变量 $\Delta p^2 = p^{2,o} - p^{2,n}$,取值越大表示企业对新老顾客定价的价差越大,"杀熟"越严重。回归(5)选取两个 BBPD 实验局的数据进行回归,因为仅在采取 BBPD 策略时才会出现"杀熟"现象。相应设置虚拟变量"价格承诺",无承诺 BBPD 局中该变量取值为 0,有承诺 BBPD 局中该变量取值为 1。其他变量与回归(1)—(4)相同。回归结果显示,"网络外部性"变量显著为负,即随着网络外部性的扩大,企业的"杀熟"程度显著下降,新老顾客间的价格差变小。

表 5-6　定价、利润与"杀熟"的回归分析

	(1) p^1	(2) $p^{2,o}$	(3) $p^{2,n}$	(4) Profit	(5) Δp^2
无承诺 BBPD 局	0.650***	−1.863***	−2.988***	−98.156***	
	(0.233)	(0.251)	(0.242)	(12.66)	
有承诺 BBPD 局	−1.157***	−3.357***	−3.93***	−247.85***	
	(0.231)	(0.217)	(0.204)	(11.666)	
价格承诺					−0.553***
					(0.173)
网络外部性	−1.592***	−1.506***	−1.249***	−159.131***	−0.394**
	(0.134)	(0.129)	(0.111)	(8.227)	(0.164)
轮次	0.020	−0.005	0.000	2.027***	−0.008
	(0.012)	(0.011)	(0.009)	(0.717)	(0.014)
性别	−0.163	−0.124	−0.03	−14.321	−0.148
	(0.182)	(0.189)	(0.181)	(10.105)	(0.161)
风险偏好	0.535**	−0.049	0.007	−1.675	−0.064
	(0.234)	(0.244)	(0.211)	(8.713)	(0.168)
常数	11.358***	12.408***	12.074***	702.793***	1.603***
	(0.488)	(0.465)	(0.398)	(19.273)	(0.343)
观测值	2 440	2 440	2 440	2 440	1 600

注:括号内为个体层面的聚类标准误,***、** 与 * 分别表示在 1%、5% 与 10% 的水平上显著。

第五节　本章小结

本章以第三章理论分析为基础,设计可控实验室实验检验存在直接网络外部性时,在无价格歧视、BBPD 且无价格承诺、BBPD 且有价格承诺三种定价策略下被试定价决策行为。

在实验设计中,为了让被试更好地理解本实验的博弈过程、实验目的,本章以第三章博弈过程为依据,将理论分析中的消费者理性预期、直接网络外部性、偏好异质性、跨期偏好不变等概念转化为更适于被试

理解的实验设计,在此基础上,设计不同实验局以分别刻画第三章所述三种定价策略,并考虑直接网络外部性变化对被试定价行为的影响。

实证结果表明:(1)当企业采取 BBPD 时,总存在"杀熟"行为,即企业对老顾客收取更高的费用。(2)采用 BBPD 策略定价时,企业的价格竞争加剧,企业的总利润低于无价格歧视时,且有价格承诺时的企业利润低于无价格承诺时。(3)网络外部性增加在三种定价策略下都会导致定价降低、加剧企业竞争;而在两种 BBPD 策略下,网络外部性增加会导致对新顾客的价格倾斜程度减少,缩小新老顾客价格差,缓和"杀熟"现象。整体来看,本章实验结果较好地检验了理论模型的主要结论。

第六章　间接网络外部性主导的平台企业 BBPD 定价行为：实验检验

本章基于第四章理论模型设计相应可控实验室实验，对第四章主要结论进行检验。实验结果表明：对被试定价行为而言，不仅存在第五章所说"第二阶段定价效应、新客户定价效应"，也存在"倾斜式定价"现象，随着用户间间接网络外部性增加倾斜定价程度也显著增加。整体来看，本章实证结果基本验证了第四章理论分析主要结论且与第五章实证结果存在一定的不同之处。本章与第五章共同构成平台企业 BBPD 定价行为研究实证分析部分。

第一节　引言

本章对第四章理论模型主要结论进行实证检验，研究方法与第五章相近，但主要结论并不相同。本章实验不仅观察到"倾斜式定价"现象，而且证实了被试"倾斜式定价"程度将随着用户间间接网络外部性差距增加而加剧的现象，同时，在被试两阶段对双方顾客定价之间的关系，价格歧视、间接网络外部性、价格承诺等因素对被试定价行为的影响，以及不同情况下利润、消费者剩余与社会福利观测值及其相应理论预测值偏差等方面，均得出与第五章不同的结论，其原因在于本章关注间接网络外部性对 BBPD 定价行为的影响。

本章实验结果表明:(1)当被试可以区分其新老用户时,存在着显著的 BBPD 定价倾向;(2)在所有实验局中,定价观测值都与理论预测值存在显著差异,且都存在显著的第二阶段定价效应、新客户定价效应;(3)尽管理论预测在用户间间接网络外部性差距较大时,被试应对网络外部性较低的一边顾客进行价格补贴,但是在实验中并未观测到显著的价格补贴行为,其原因可能在于被试不愿意"花钱赚吆喝";(4)被试对双方用户存在显著的倾斜式定价现象,且其程度随着用户间间接网络外部性差距的增加而加剧;(5)被试第二阶段对双方新老顾客定价受其自身及对手第一阶段对双方顾客定价的影响与理论预期存在差异,其原因可能在于被试定价决策惯性以及对对手定价决策行为的误解;(6)与第五章相比,由于间接网络外部性的存在,导致价格歧视、价格承诺等因素对被试定价行为存在着不同影响。整体而言,上述实验结果与理论预期相符,较好地验证了理论结果,但在 BBPD 且无价格承诺实验局中,被试并未展开激烈竞争且未出现"杀熟"现象,并由此导致被试在 BBPD 且无价格承诺时所获利润最高,这是本章结论中与理论预期差别较为明显的地方。

本章第二部分为实验设计,简要阐述本章的实验任务设计、实验局设计、理论预测结果、实验实施等情况;第三部分为实验结果分析,根据被试定价数据,对理论预测结果进行实证检验;第四部分为本章小结。

第二节　理论预测

由第四章定价机制及博弈推导过程可以看出,由于平台企业双边用户间接网络外部性的存在,导致难以通过解析解形式对相关结果进行分析,尤其在有承诺 BBPD 情况下,更难对平台企业定价特征进行刻画。因此,董雪兵和赵传羽(2020)选择利用 MATLAB 软件以数值模拟形式对相关结果进行分析。为便于发现平台企业竞争规律,本章基于董雪兵和赵传羽(2020)对 α_j 的限定条件设定相应 α_j,并对平台企业边际成本、消费者保留效用等参数进行设定,以求更直观地呈现平台企业竞争行为及其影响。

结合前述博弈过程、均衡定价机制可以提出如下理论假设:

预测 6.1 采取 BBPD 策略时存在"杀熟"行为,即对老用户收取更高的费用。

由机制 4.2 可以直观看出:$p_{i,j}^{2,o} > p_{i,j}^{2,n}$,机制 4.3 中平台企业对双边新老用户定价难以给出解析解形式,由此,研究其双边老用户与新用户价格差,即 $\widetilde{p_{A,h}^{2,o}} - \widetilde{p_{A,h}^{2,n}}$、$\widetilde{p_{A,l}^{2,o}} - \widetilde{p_{A,l}^{2,n}}$ 随 α_h、α_l 变化情况,如图 6-1 所示。由图 6-1(a)、图 6-1(b)可以看出,无论 α_h、α_l 如何变化,有承诺 BBPD 策略时第二阶段平台企业对双边老用户价格均高于新用户价格,即存在明显"杀熟"行为。

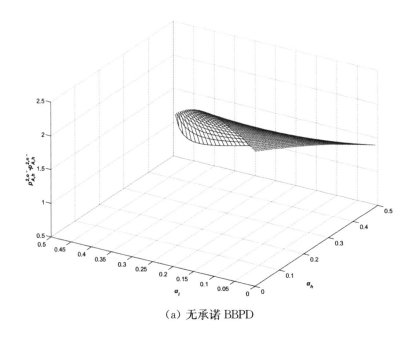

(a)无承诺 BBPD

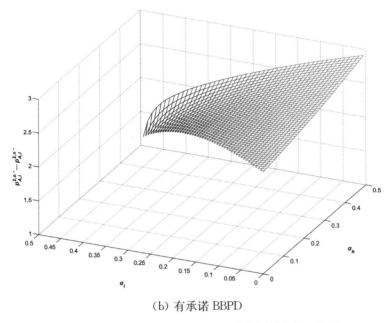

（b）有承诺 BBPD

图 6-1　BBPD 时平台企业对双边用户"杀熟"定价示意图

预测 6.2　（1）与无价格歧视相比,采用 BBPD 定价策略将加剧企业间竞争,减少平台企业利润;（2）当平台企业采用 BBPD 定价策略时,与无价格承诺相比,有价格承诺将导致第二阶段平台企业利润减少,但第一阶段利润及总利润减少与否取决于 α_h、α_l 大小。

由前述博弈过程可知,无价格歧视时平台企业利润为:$\pi_{A, u} = 2 \times \sum_{j=1, 2} \theta_j^* \times (p_{A, j}^u - c)$,无承诺 BBPD 时平台企业利润为:$\pi_A = \pi_{A, 1} + \pi_{A, 2} = \sum_{j=1, 2} \theta_j^* \times (p_{A, j}^1 - c) + \sum_{j=1, 2} [\Psi_j \times (p_{A, j}^{2, o} - c) + (\Omega_j - \theta_j^*) \times (p_{A, j}^{2, n} - c)]$,有承诺 BBPD 时平台企业利润为:$\widetilde{\pi_A} = \widetilde{\pi_{A, 1}} + \widetilde{\pi_{A, 2}} = \sum_{j=1, 2} \widetilde{\theta_j^*} \times (\widetilde{p_{A, j}^1} - c) + \sum_{j=1, 2} [\widetilde{\Psi_j} \times (\widetilde{p_{A, j}^{2, o}} - c) + (\widetilde{\Omega_j} - \widetilde{\theta_j^*}) \times (\widetilde{p_{A, j}^{2, n}} - c)]$。

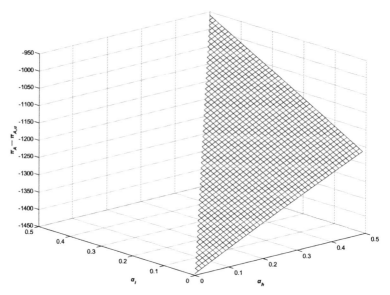

（a）无承诺 BBPD 与无价格歧视利润对比

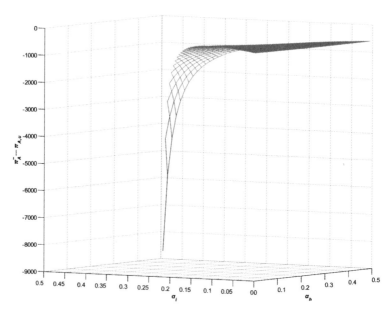

（b）有承诺 BBPD 与无价格歧视利润对比

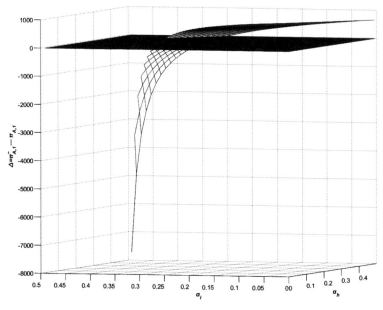

（c）有无承诺一阶段利润对比

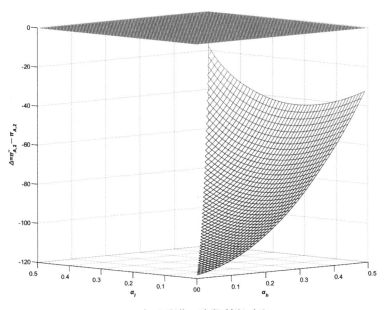

（d）有无承诺二阶段利润对比

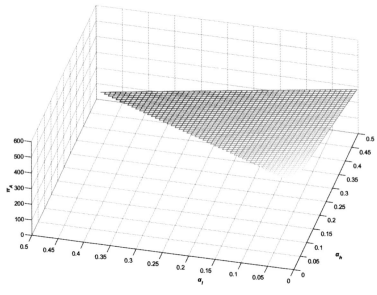

（e）有无承诺总利润对比

图 6-2　三种策略下平台企业利润对比示意图

图 6-2(a)、图 6-2(b)分别分析平台企业采用无承诺 BBPD、有承诺 BBPD 时，其利润与无价格歧视时利润对比情况，即 $\pi_A - \pi_{A,u}$、$\widetilde{\pi_A} - \pi_{A,u}$ 随 α_h、α_l 变化情况。由此可知，当平台企业选择 BBPD 定价策略时，无论有无价格承诺，平台企业所能获得的利润都低于其在无价格歧视时所能获得的利润，此时消费者剩余更高，对消费者更有利。

图 6-2(c)、6-2(d)、6-2(e)分别表示平台企业采用无承诺 BBPD、有承诺 BBPD 时，其第一阶段利润、第二阶段利润及总利润对比情况，即 $\widetilde{\pi_{A,1}} - \pi_{A,1}$、$\widetilde{\pi_{A,2}} - \pi_{A,2}$、$\widetilde{\pi_A} - \pi_A$ 随 α_h、α_l 变化情况。在图 6-2(c)中，在 $\alpha_h \in (0, 0.41) \bigcup \alpha_l \in (0, 0.39)$ 区间内，有价格承诺时平台企业利润高于无价格承诺时，而在 $\alpha_h \in (0.41, 0.5) \bigcap \alpha_l \in (0.39, 0.5)$ 区间内，有价格承诺时利润低于无价格承诺时，其原因在于，随着双边用户间接网络外部性增加，平台企业竞争将加剧，而有价格承诺时，平台企业为在第二阶段获得更多老用户，将明显降低其一阶段定价，导致此时竞争激

烈程度高于无价格承诺时的竞争程度。在图 6-2(d)中,有价格承诺时平台企业利润明显低于无价格承诺时,其原因在于通过价格承诺,平台企业能够锁定一部分老用户,但对新用户竞争将明显加剧,由此导致对新用户价格降低,进而减少利润。受一阶段竞争影响,随着双边用户间接网络外部性增加,有价格承诺时平台企业总利润也将出现低于无价格承诺时的情况,如图 6-2(e)所示。

预测 6.3 当间接网络外部性增加时,平台企业间竞争将加剧、利润将减少。

由机制 4.1 可以明显看出,无价格歧视时,随着间接网络外部性的增加,平台企业竞争加剧、定价降低、利润减少。由图 6-3(a)、6-3(b)可看出,采用 BBPD 定价策略时,随着间接网络外部性的增加,平台企业利润将减少。结合预测 6.2 中对间接网络外部性增加时平台企业定价行为的分析,可以预测当间接网络外部性增加时,平台企业间竞争将加剧、定价将降低、利润将减少。

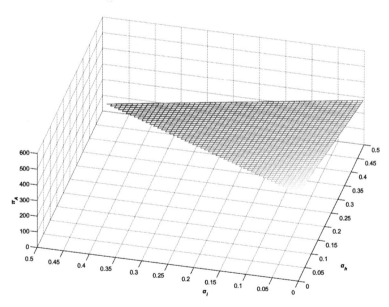

(a) 无承诺 BBPD 时平台利润随 α_j 变化

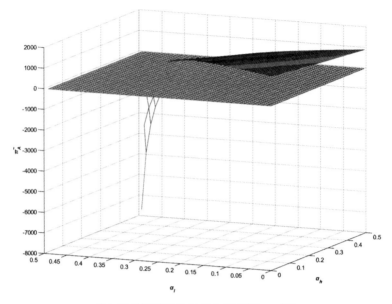

（b）有承诺 BBPD 时平台利润随 α_j 变化

图6-3 平台企业采用 BBPD 策略时企业利润变化示意图

第三节 实验设计

为让被试更好地理解实验目的及自身任务,本章通过构建符合模型假设的实验室环境,对第四章中的模型假设和博弈过程进行简化,由此设计出简洁、易懂的可控实验室实验。

一、实验任务设计

基于第四章模型及博弈过程,本章设计相应实验。在本章实验中,寡头卖家通过价格竞争争夺市场,卖家提供同质产品,并在无价格歧视、BBPD 且无价格承诺、BBPD 且有价格承诺三个实验局下进行定价决策。顾客对卖家产品具有不同偏好,每一期都选择购买一单位产品,该购买决策基于卖家定价、自身偏好及间接网络外部性作出。每一轮实验包括两期决策,在每一期中,卖家、顾客分别作出相应的定价、购买决策。

与第五章实验设计相近,在本章实验中,被试角色为寡头竞争的卖家,在不同实验局中面临不同的决策行为:在无价格歧视局中,被试不区分新老顾客,两期均进行统一定价;在 BBPD 且无价格承诺局中,被试第二阶段可以区分新老顾客并进行价格歧视,但第一阶段无须对老顾客进行价格承诺;在 BBPD 且有价格承诺局中,被试第二阶段可以区分新老顾客并对其进行价格歧视,第一阶段需要对老顾客进行价格承诺。

消费者由计算机程序扮演,该程序依据模型博弈过程及实验参数编写,可以根据卖家定价情况,“理性预期”到博弈各阶段两卖家所获顾客数量,进而计算出光临不同卖家所能获得的间接网络外部性,在此基础上作出每阶段最优购买决策。

本章实验也需要对相应参数进行重新设定。其中,每增加一位顾客给被试增加的成本为 5,双方顾客总量均设定为 100,双方代表性顾客偏好区间变为 $\theta_j \in [0, 100]$,该偏好为相对于卖家 A,代表性顾客对卖家 B 的偏好。由此,卖家 A 位于 $\theta_j = 0$ 处,卖家 B 位于 $\theta_j = 100$ 处。设定一方顾客间接网络外部性参数为 0.1,另一方顾客间接网络外部性参数存在 0.15、0.35 两种情况,以此代表双方顾客间接网络外部性差距较低、较高的情况,据此对模型博弈过程、每阶段博弈结果进行调整并编写计算机程序。

每轮实验中,被试两两匹配进行寡头竞争,新一轮实验开始前,被试均随机且匿名重新匹配。在每轮实验中,被试决策均有三个阶段,第一阶段对第一阶段出价进行决策,第二阶段在看到第一阶段竞争结果之后,对第二阶段出价作出决策,第三阶段观察两期博弈竞争结果。在看到被试定价之后,计算机程序作出符合“理性预期”的购买决策。

本章实验采用非中性框架。用休闲街两端的酒吧模拟寡头竞争企业,被试角色即为相互竞争的酒吧老板,以质量、口感相同的酒品模拟同质产品,被试之间通过价格竞争争夺顾客。以休闲街区上位置固定的单身男女模拟具有固定偏好的双方顾客,以男女双方参加周末舞会相互交流的需求模拟间接网络外部性。依据理论分析三种情况分别设定实验局,在每轮实验中,男女顾客在周五、周六两次光顾酒吧,被试分别进行相应定价决策,以此模拟两阶段博弈。详细实验说明,见本书附录四。

一般情况下,对于机制检验的实验设计都采用中性框架,在本章预实验设计中也采用中性框架,但与第五章所面临的问题一样,预实验中被试无法理解相应概念、博弈过程,由此在本章正式实验中采用现有框架。同时,现有框架设计符合第四章的博弈逻辑、概念设定;相关概念、竞争过程不涉及价值判断,且被试决策不会受现实平台企业定价行为的影响;酒吧舞会定价为常见场景,既易于被试理解也能够有效展示理论分析的主要机制。

实验中被试决策界面如下页图所示。

该界面为BBPD且无价格承诺时被试决策界面,其他两种情况与此大体相同,但根据被试第一阶段、第二阶段决策内容进行调整。其中,界面上部区域是竞争结果展示区域,上方左侧条块代表被试获得的男顾客数量,下方左侧条块为其所获女顾客数量,上、下方右侧条块为其对手所获男、女顾客数量(区分新老顾客);界面中间区域是被试输入区域,在此被试可以作出定价决策;界面下部区域是历史竞争结果展示区域,在此展示之前各轮实验中被试及其对手对双方顾客定价、顾客数量、获得利润等情况。

二、实验局设计

为研究间接网络外部性变化对被试定价行为的影响,将女士顾客

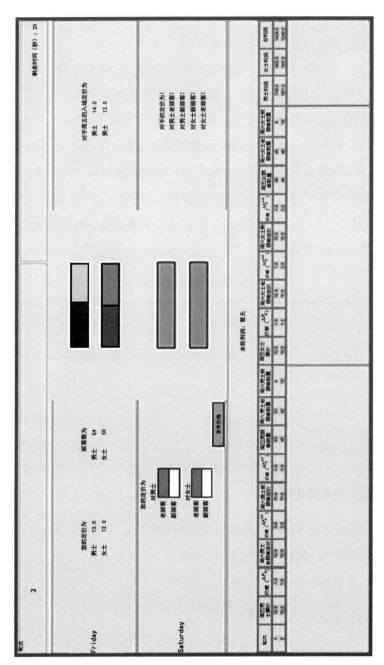

图 6-4　第六章被试决策界面示意图

间接网络外部性参数固定,对男士顾客间接网络外部性参数分为高、低两种情况,由此共进行 6 场实验,其中:第一场、第二场对应于无价格歧视局,第三场、第四场对应于 BBPD 且无价格承诺局,第五场、第六场对应于 BBPD 且有价格承诺局。为控制顺序效应,每场实验都分上半场、下半场,被试在上半场、下半场各进行 10"周"定价决策,但在上半场、下半场实验中,男士顾客间接网络外部性参数发生变化,其中,在第一、第三、第五场实验中,上半场 $\alpha_b=0.15$、$\alpha_g=0.1$,下半场 $\alpha_b=0.35$、$\alpha_g=0.1$;在第二、第四、第六场实验中,上半场 $\alpha_b=0.35$、$\alpha_g=0.1$,下半场 $\alpha_b=0.15$、$\alpha_g=0.1$,α_b、α_g 分别为男士、女士顾客网络外部性参数,下同。具体如表 6-1 所示:

表 6-1　第六章实验局设计

实验局	无价格歧视局		BBPD 且无价格承诺局		BBPD 且有价格承诺局	
实验场次	第一场	第二场	第三场	第四场	第五场	第六场
无歧视	✓	✓				
BBPD 且无价格承诺			✓	✓		
BBPD 且有价格承诺					✓	✓
α_b 由低到高变化	✓		✓		✓	
α_b 由高到低变化		✓		✓		✓

三、理论结果预测

与第五章相同,在此也需要根据实验参数设定,对第四章博弈过程及均衡结果进行调整,以满足实验检验需要。具体如下:

1. 无价格歧视

此时,被试第一阶段、第二阶段所能获得双方顾客数量为:

$$n_g^1=50-\frac{5\times(p_g^1-p_g^{1,R})+5\times\alpha_b\times(p_b^1-p_b^{1,R})}{(1-\alpha_b\times\alpha_g)}$$

$$n_b^1 = 50 - \frac{5 \times (p_b^1 - p_b^{1,R}) + 5 \times \alpha_g \times (p_g^1 - p_g^{1,R})}{(1 - \alpha_b \times \alpha_g)}$$

根据第四章无价格歧视时企业定价机制分析可知,被试两期定价相同且两期决策相互独立。在给定参数水平下,被试两期定价分别为:

(1) $\alpha_b = 0.15$、$\alpha_g = 0.1$ 时

$$p_b^u = 14 \qquad\qquad (6\text{-}1)$$

$$p_g^u = 13.5 \qquad\qquad (6\text{-}2)$$

(2) $\alpha_b = 0.35$、$\alpha_g = 0.1$ 时

$$p_g^u = 11.5 \qquad\qquad (6\text{-}3)$$

$$p_b^u = 14 \qquad\qquad (6\text{-}4)$$

2. BBPD 且无价格承诺局①

均衡时,被试在第一阶段对其双边用户定价分别为:

$$p_b^1 = c + 10 \times \frac{(\alpha_b - \alpha_g) \times [2(2\alpha_b + \alpha_g) - 3]}{3(8\alpha_b^2 + 20\alpha_b\alpha_g + 8\alpha_g^2 - 9)}$$

$$p_g^1 = c + 10 \times \frac{(\alpha_b - \alpha_g) \times [2(2\alpha_b + \alpha_g) - 3]}{3(8\alpha_b^2 + 20\alpha_b\alpha_g + 8\alpha_g^2 - 9)}$$

在第二阶段对其双边老用户定价分别为:

$$p_{b,o}^2 = c + 10 \times \frac{(2 - 3\alpha_g)}{3}$$

$$p_{g,o}^2 = c + 10 \times \frac{(2 - 3\alpha_b)}{3}$$

对其新用户定价分别为:

---

① 其中,λ_i 表达式见本书第四章,在本章计算中,分别利用 α_b、α_g 替代第四章中的 α_1、α_2。

$$p_{b,n}^2 = c + 10 \times \frac{(1-3\alpha_g)}{3}$$

$$p_{g,n}^2 = c + 10 \times \frac{(1-3\alpha_b)}{3}$$

结合第四章式(4-1)—(4-8),此时,被试在第一阶段、第二阶段对双方顾客定价之间的关系变为:

(1) $\alpha_b = 0.15$、$\alpha_g = 0.1$ 时

$$p_{b,o}^2 = 10.7 - 0.25 \times \Delta p_b - 0.04 \times \Delta p_g \tag{6-5}$$

$$p_{g,o}^2 = 10.2 - 0.25 \times \Delta p_g - 0.03 \times \Delta p_b \tag{6-6}$$

$$p_{b,n}^2 = 7.3 + 0.51 \times \Delta p_b + 0.08 \times \Delta p_g \tag{6-7}$$

$$p_{g,n}^2 = 6.8 + 0.51 \times \Delta p_g + 0.05 \times \Delta p_b \tag{6-8}$$

(2) $\alpha_b = 0.35$、$\alpha_g = 0.1$ 时

$$p_{b,o}^2 = 10.7 - 0.25 \times \Delta p_b - 0.06 \times \Delta p_g \tag{6-9}$$

$$p_{g,o}^2 = 8.2 - 0.29 \times \Delta p_g - 0.08 \times \Delta p_b \tag{6-10}$$

$$p_{b,n}^2 = 7.3 + 0.57 \times \Delta p_b + 0.21 \times \Delta p_g \tag{6-11}$$

$$p_{g,n}^2 = 4.9 + 0.53 \times \Delta p_g + 0.06 \times \Delta p_b \tag{6-12}$$

3. BBPD 且有价格承诺局[1]

均衡时,被试第一阶段对双方用户定价分别为:

$$p_g^1 = c + 10 \times \left(1 - \alpha_b + \frac{\gamma_1}{\gamma_0}\right)$$

$$p_b^1 = c + 10 \times \left(1 - \alpha_g + \frac{\gamma_2}{\gamma_0}\right)$$

在第一阶段对第二阶段双方老客户承诺定价分别为:

---

① 其中,τ_i、γ_i 表达式见本书第四章,在本章计算中,分别利用 α_b、α_g 替代第四章中的 α_1、α_2。

$$p_{g,o}^2 = c + 10 \times \frac{\gamma_3}{\gamma_0}$$

$$p_{b,o}^2 = c + 10 \times \frac{\gamma_4}{\gamma_0}$$

在第二阶段对双方新客户定价分别为:

$$p_{g,n}^2 = c - 10 \times \frac{\gamma_6 \times \gamma_4 + \gamma_8 \times \gamma_3}{\gamma_9 \gamma_0}$$

$$p_{b,n}^2 = c - 10 \times \frac{\gamma_7 \times \gamma_3 + \gamma_8 \times \gamma_4}{\gamma_9 \gamma_0}$$

结合第四章式(4-9)—(4-12),此时,被试在第一阶段、第二阶段对双方顾客定价之间的关系变为:

(1) $\alpha_b = 0.15$、$\alpha_g = 0.1$ 时

$$p_{b,n}^2 = 2.88 + 0.08 \times \Delta p_g + 0.53 \times \Delta p_b + 0.26 \times p_{b,o}^2$$
$$+ 0.22 \times p_{b,o}^{2,R} - 0.04 \times p_{g,o}^2 - 0.04 \times p_{g,o}^{2,R} \tag{6-13}$$

$$p_{g,n}^2 = 3.43 + 0.52 \times \Delta p_g + 0.05 \times \Delta p_b + 0.24 \times p_{g,o}^2$$
$$+ 0.24 \times p_{g,o}^{2,R} - 0.07 \times p_{b,o}^2 - 0.06 \times p_{b,o}^{2,R} \tag{6-14}$$

(2) $\alpha_b = 0.35$、$\alpha_g = 0.1$ 时

$$p_{b,n}^2 = 3.11 + 0.22 \times \Delta p_g + 0.61 \times \Delta p_b - 0.07 \times p_{g,o}^2$$
$$- 0.04 \times p_{g,o}^{2,R} + 0.32 \times p_{b,o}^2 + 0.13 \times p_{b,o}^{2,R} \tag{6-15}$$

$$p_{g,n}^2 = 5.14 + 0.53 \times \Delta p_g + 0.05 \times \Delta p_b + 0.24 \times p_{g,o}^2$$
$$+ 0.21 \times p_{g,o}^{2,R} - 0.2 \times p_{b,o}^2 - 0.15 \times p_{b,o}^{2,R} \tag{6-16}$$

式(6-16)中,$\Delta p_g = p_g - p_g^R$,$\Delta p_b = p_b - p_b^R$,$\Delta p_g^{2,o} = p_{g,o}^2 - p_{g,n}^{2,R}$,$\Delta p_g^{2,n} = p_{g,n}^2 - p_{g,o}^{2,R}$,$\Delta p_b^{2,o} = p_{b,o}^2 - p_{b,n}^{2,R}$,$\Delta p_b^{2,n} = p_{b,n}^2 - p_{b,o}^{2,R}$。

给定上述参数设定,可得出不同情况下理论预期的均衡定价、平台利润、消费者剩余、社会福利等,如表6-2所示:

表 6-2　不同情况下均衡定价、平台利润、消费者剩余及社会福利理论预期值

无价格歧视								
间接网络外部性	第一阶段定价		第二阶段定价		本周利润	消费者剩余	社会福利	
$\alpha_b=0.15$	男士	女士	男士	女士	1 750	13 750	17 250	
$\alpha_g=0.1$	14	13.5	14	13.5				
$\alpha_b=0.35$	男士	女士	男士	女士	1 550	14 350	17 450	
$\alpha_g=0.1$	14	11.5	14	11.5				

BBPD 且无价格承诺								
间接网络外部性	第一阶段定价		第二阶段				本周利润	消费者剩余	社会福利
			老客户定价		新客户定价				
$\alpha_b=0.15$	男士	女士	男士	女士	男士	女士	428.9	16 206.6	17 064.4
$\alpha_g=0.1$	5.04	4.95	10.7	10.2	7.3	6.8			
$\alpha_b=0.35$	男士	女士	男士	女士	男士	女士	326.4	16 581.6	17 234.4
$\alpha_g=0.1$	5.2	4.8	10.7	8.2	7.3	4.8			

BBPD 且有价格承诺								
间接网络外部性	第一阶段						本周利润	消费者剩余	社会福利
	对第一阶段客户定价		对第二阶段老客户承诺定价		第二阶段对新客户定价				
$\alpha_b=0.15$	男士	女士	男士	女士	男士	女士	1 078.45	15 040.1	17 197
$\alpha_g=0.1$	13.5	11.8	8.8	8.5	6.42	6.41			
$\alpha_b=0.35$	男士	女士	男士	女士	男士	女士	897.1	15 605.8	17 400
$\alpha_g=0.1$	13.3	9.6	8.3	7.7	6	5.7			

注：对于均衡定价理论预期值原则上四舍五入保留小数点后一位，但在个别情况为了区分出对男女双方理论预期值的差异，需要保留小数点后两位。

从表 6-2 中仍可以观察到上节理论分析中所得预测 6.1—6.3。

四、实验实施

本章使用 Z-tree 软件（Fischbacher，2007）编写实验程序。本章实验共涉及三个实验局、六场实验,在 2020 年 5 月 26 日、5 月 27 日在浙江财经大学经济行为与决策研究中心依次进行,每天下午两场、晚上一场。实验被试从该中心被试库中随机招募,以本科生为主,也有少量硕士研究生。在本章实验被试招募过程中,已对在 5 月 16 日、5 月17 日参加过第五章实验的被试进行筛选,保证本章实验所有被试都没有参加过与本书研究主题相近的实验,但其参加过该中心其他主题实验。这六场实验被试同时招募,避免出现同一被试重复参加不同场实验的情况。对这六场实验,共招募被试 126 人、获得 2 500 组数据。具体见表 6-3 所示:

表 6-3　不同场次实验中被试人数及数据组数

实验场次	第一场	第二场	第三场	第四场	第五场①	第六场
被试人数	22	22	18	22	20	22
数据组数	440	440	360	440	380	440

每场实验均包括相同实验局下的两个不同任务,同场实验的两个任务仅是高间接网络外部性参数 α_b 有所不同。为了控制任务的顺序效应,我们调整了同一实验局的两场实验的任务顺序,其中一场实验先进行 $\alpha_b = 0.15$ 的任务,后进行 $\alpha_b = 0.35$,两个任务的 α_b 递增,而另一场实验中两个任务的 α_b 递减。各场次任务安排详见表 6-2。每个任务均进行 10 轮,每场实验共进行 20 轮决策。

在进入实验室后,被试阅读纸质版实验说明,并完成测试性问题。待所有被试都通过问题测试之后,开始正式实验。被试最终收益包括出场费、实验收益两部分,其中出场费为 10 元,实验收益为被试累计利润按照 300∶1 比例折算。被试事先并不知道实验重复轮次数,也不知

---

① 本场实验招募被试 20 人,其中一名被试在上半场实验结束后离场,在下半场实验中,由实验员根据其他被试中出现频率最高的价格录入为该名被试的出价,以完成该局实验。在数据分析中,对于该局实验下半场中该名被试及其对手的出价均予以剔除,因此该局实验共获取数据 380 组。

道有两个任务,仅知道收益折现比率。六场实验持续时间在 1.5 至 2 小时之间,每场实验中被试平均收益 96.1 元。

第四节　结果分析

本书附录五对三种定价策略下间接网络外部性变化时被试定价、市场份额、所获利润等进行描述性统计。

本节对实验结果展开分析。首先按照三个理论预测,分别考察各实验局的定价分布与利润变化,并考察间接网络外部性变化对定价行为与利润的影响。随后,我们结合理论预测与实验结果进一步讨论两种 BBPD 机制的效果。

一、定价与"杀熟"现象

表 6-4 对各实验局的定价进行了统计。为了便于直观比较,表中并未区分各实验局中不同间接网络外部性参数下的价格,区分间接网络外部性的价格统计将在下文讨论间接网络外部性变化的影响的章节中展示与分析。混合不同参数下的定价并不影响我们对"杀熟"现象的讨论,因为根据推论 1,"杀熟"现象的存在与间接网络外部性的变化无关。从表 6-4 中可直观地观察到"杀熟"现象,各种情况下被试均在第二阶段定价时给老用户制定了相对更高的价格:在无承诺 BBPD 局中,被试对高间接网络外部性的老用户平均定价 11.98,高于高间接网络外部性新用户的 11.20,对低间接网络外部性的老用户平均定价 10.80,高于低间接网络外部性用户的 10.03;在有承诺 BBPD 局中,被试对高间接网络外部性的老用户平均定价 10.50,高于高间接网络外部性新用户的 9.27,对低间接网络外部性的老用户平均定价 9.75,高于低间接网络外部性用户的 8.62。

表 6-4 各实验局价格的描述性统计

实验局		无价格歧视局		无承诺 BBPD 局		有承诺 BBPD 局	
		高间接网络外部性	低间接网络外部性	高间接网络外部性	低间接网络外部性	高间接网络外部性	低间接网络外部性
第一阶段定价 p^1		13.69 (1.71)	10.79 (1.83)	14.14 (1.92)	12.71 (2.13)	12.16 (1.89)	11.37 (1.88)
第二阶段定价 p^2	对老用户 $p^{2,o}$	12.75 (1.75)	9.78 (1.72)	11.98 (1.94)	10.80 (1.82)	10.50 (1.93)	9.75 (1.76)
	对新用户 $p^{2,n}$			11.20 (1.71)	10.03 (1.54)	9.27 (1.94)	8.62 (1.79)

定价的轮次变化也能够证实"杀熟"行为在时间序列上的稳健性。图 6-5 展示了两个 BBPD 实验局中,被试在第二轮定价的轮次变化趋势,图中实线表示对高间接网络外部性用户的定价趋势,虚线表示对低间接网络外部性用户的定价趋势,圆形标记表示某轮中被试对老用户的平均定价,三角标记表示某轮中被试对新用户的平均定价。从图 6-5 可见,在各实验局中,被试对不同间接网络外部性的用户均持续地进行了"杀熟",在各轮次中被试对老用户的定价总是高于新用户定价。

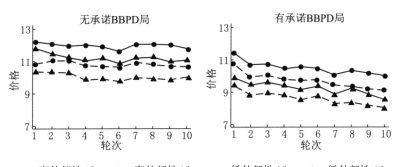

图 6-5 BBPD 实验局第二轮定价的轮次变化

非参数检验证明了被试对新老用户的定价差异,即"杀熟"行为在统计上是显著的。Wilcoxon 符号秩检验是验证配对样本差异的常用方法,检验结果显示各情况下新老用户间的价格差异均显著:在无承诺BBPD实验局中,对高间接网络外部性用户定价的检验结果为 $z=13.756$,$P=0.000$,对低间接网络外部性用户定价的检验结果为 $z=13.433$,$P=0.000$;在有承诺BBPD实验局中,对高间接网络外部性用户定价的检验结果为 $z=16.877$,$P=0.000$,对低间接网络外部性用户定价的检验结果为 $z=17.251$,$P=0.000$。描述性统计、轮次变化与非参检验结果均展示了"杀熟"行为的稳定存在。

二、平台利润变化

表6-5统计了各实验局的利润情况,表6-6是各实验局利润的 t 检验结果。从表6-5中可以发现,无价格歧视局的利润显著高于有承诺BBPD局,却显著低于无承诺BBPD局的利润。各实验局的利润比较可以从表6-4的价格统计中得到印证:有承诺BBPD局中,除了对低间接网络外部性用户第一阶段的定价以外,其余各种定价均低于无价格歧视局,在用户人数不变的情形下其利润必然低于无价格歧视局;无承诺BBPD局中,除了对高间接网络外部性用户第二阶段老用户的定价以外,其余各种定价均高于无价格歧视局,在用户人数不变的情形下其利润必然高于无价格歧视局。

表6-5 利润的描述性统计

	无价格歧视局	无承诺BBPD局	有承诺BBPD局
第一阶段利润	697.16 (143.08)	804.87 (153.85)	629.51 (254.49)
第二阶段利润	610.92 (137.61)	596.72 (172.40)	450.51 (148.35)
每轮利润	1 308.08 (251.87)	1 401.59 (254.52)	1 080.03 (309.63)

而从两种BBPD机制间的利润比较中可以发现有承诺BBPD局在第二轮的平均利润为450.51,显著低于无承诺BBPD实验局的平均水

平 596.72。观察表 6-4 可知,有承诺 BBPD 局的第二轮中,对各种用户的定价均低于无承诺 BBPD 局,实验中显示了有承诺 BBPD 局在第二轮定价中更激烈的价格竞争。

表 6-6　利润的非参数检验

	无歧视局 vs. 无承诺 BBPD 局	无歧视局 vs. 有承诺 BBPD 局	无承诺 BBPD 局 vs. 有承诺 BBPD 局
第一阶段利润	$t=-14.867$ $P=0.000$	$t=6.814$ $P=0.000$	$t=16.733$ $P=0.000$
第二阶段利润	$t=1.873$ $P=0.061$	$t=23.128$ $P=0.000$	$t=18.311$ $P=0.000$
总利润	$t=-7.562$ $P=0.000$	$t=16.708$ $P=0.000$	$t=22.804$ $P=0.000$

三、间接网络外部性的影响

本章在每个实验局中均设置了不同间接网络外部性的两个任务,既为了检验关于价格和利润的预测在不同参数条件下结果的稳健性,也希望以此检验间接网络外部性变化的影响。表 6-7 展示了各实验局在不同间接网络外部性下的定价与利润水平,表格中仅用 α_b 区分不同的间接网络外部性设置,因为根据实验设计两间接网络外部性参数中低外部性用户的间接网络外部性 α_g 是相同的。从表 6-7 中可以观察到,"杀熟"现象仍然成立,被试在不同实验局、不同间接网络外部性参数下,面对不同间接网络外部性用户,在第二阶段对该类老用户的定价总是高于相应类型新用户的定价。其次,表 6-7 中各实验局的利润关系也与表 6-5 一致,在不同的间接网络外部性参数下,无价格歧视局的利润水平均低于无承诺 BBPD 局但高于有承诺 BBPD 局,而在第二阶段有承诺 BBPD 局的利润总低于无承诺 BBPD 实验局。即前文分析的"杀熟"与利润变化的结果是稳健的。

另一方面,对各实验局内部不同参数下的结果进行比较可发现,随着间接网络外部性参数 α_h 的提高,各实验局的平均利润有所下降。在无价格歧视局中,每轮的平均利润从 1 357.81 显著下降为 1 258.34(Wilcoxon 符号秩检验: $z=6.256$, $P=0.000$);在无承诺 BBPD 局中,每轮的平均利润从 1 445.41 显著下降至 1 357.77(同上, $z=5.354$, $P=0.000$);

表 6-7 区分外部性的各实验局描述性统计

实验局			无价格歧视局		无承诺 BBPD 局		有承诺 BBPD 局	
			高间接网络外部性	低间接网络外部性	高间接网络外部性	低间接网络外部性	高间接网络外部性	低间接网络外部性
第一阶段定价 p^1		$\alpha_b=0.15$	13.59 (1.86)	11.45 (1.81)	14.08 (1.87)	13.22 (2.00)	11.89 (1.86)	11.50 (1.84)
		$\alpha_b=0.35$	13.79 (1.55)	10.12 (1.59)	14.21 (1.98)	12.19 (2.14)	12.44 (1.88)	11.24 (1.90)
第二阶段定价 p^2	对老用户 $p^{2,o}$	$\alpha_b=0.15$	12.58 (1.91)	10.45 (1.82)	11.87 (1.93)	11.11 (1.75)	10.16 (1.93)	9.72 (1.73)
		$\alpha_b=0.35$	12.91 (1.57)	9.10 (1.31)	12.09 (1.95)	10.49 (1.84)	10.86 (1.86)	9.78 (1.79)
	对新用户 $p^{2,n}$	$\alpha_b=0.15$			11.23 (1.68)	10.44 (1.50)	9.08 (2.14)	8.75 (1.99)
		$\alpha_b=0.35$			11.17 (1.74)	9.62 (1.47)	9.48 (1.67)	8.48 (1.54)
第一阶段利润		$\alpha_b=0.15$	722.23 (153.02)		830.27 (142.74)		628.66 (232.08)	
		$\alpha_b=0.35$	672.08 (127.73)		779.48 (160.40)		630.41 (276.36)	
第二阶段利润		$\alpha_b=0.15$	635.58 (156.69)		615.15 (157.40)		442.32 (150.97)	
		$\alpha_b=0.35$	586.26 (110.19)		588.29 (184.57)		459.11 (145.25)	
每轮利润		$\alpha_b=0.15$	1 357.81 (283.04)		1 445.41 (250.68)		1 070.98 (315.81)	
		$\alpha_b=0.35$	1 258.34 (204.84)		1 357.77 (251.08)		1 089.53 (303.11)	

在有承诺 BBPD 局中,平均利润略有提高,但变化并不显著(同上,$z=-0.864$,$P=0.388$)。从表 6-7 上半部分的价格统计中可以发现,这种利润的变化来自定价的规律性变化:面对间接网络外部性 α_b 的变化,被试往往会提高对高间接网络外部性用户的定价,同时以相对更大的幅度降低对低间接网络外部性用户的定价,这种策略与表 6-2 预测的趋势一致,导致整体上平台利润的下降。这是一种倾斜式定价的逻辑,高间接网络外部性用户受到另一方用户数量的影响较大,因此平台会更倾向于通过增加另一方用户数量吸引高间接网络外部性用户。这形成了平台在竞争中吸引两类用户的不同侧重方式:对于低间接网络外部性用户主要用低价进行吸引,而对高间接网络外部性用户则侧重于以另一方用户数量进行吸引,因此平台面对低间接网络外部性用户主要进行价格竞争,通过低价吸引低间接网络外部性用户进而吸引高间接网络外部性用户。表现在价格上就是对低间接网络外部性用户的定价更低,且当竞争加剧时对低间接网络外部性用户的价格进一步降低,而对高间接网络外部性用户的降价影响不确定。[①]

表 6-8 为对"杀熟"行为与利润变化的全样本面板回归。表中回归(1)、(2)为对第二阶段定价中"杀熟"行为的回归,回归(1)为对高间接网络外部性用户的定价 p_b^2 的回归,回归(2)为对低间接网络外部性用户的定价 p_g^2 的回归。回归中,"新用户"为虚拟变量,若是对老用户的定价则该变量取值为 0,否则取值为 1,即该变量直接表现了对第二阶段新老用户定价的差异。"价格承诺"为虚拟变量,有承诺 BBPD 实验局的样本取值为 1,否则为 0。"间接网络外部性"也为虚拟变量,$\alpha_b=0.35$ 的样本中该变量取值为 1,否则取值为 0。回归中控制了轮次、性别与风险偏好三个变量。其中,"轮次"为实验中两个任务的累计轮次,例如若

---

① 倾斜式定价在董雪兵和赵传羽(2020)中有更具体的讨论。由于平台倾斜式定价的具体策略与表现会随着间接网络外部性 α_h 与 α_l 的关系发生较为复杂的变化,因此在本书中未具体论证。

某个样本为任务2中第一轮的价格,其"轮次"变量取值为11。"风险偏好"变量来自实验后的问卷中的一个问题,取值越高表示越能接受风险。回归(1)与回归(2)取两个 BBPD 实验局数据为样本,结果显示,在两个回归中新用户变量的估计值均显著为负,即被试对新用户的定价显著地低于老用户;价格承诺变量显著为负,即有承诺 BBPD 局中被试在第二阶段的定价显著低于无承诺 BBPD 局的水平;间接网络外部性变量在回归(1)中显著为正,在回归(2)中显著为负,表示 α_b 的提高使被试对高间接网络外部性用户的第二阶段定价显著提高,而对低间接网络外部性用户的第二阶段定价显著降低。

表 6-8　对"杀熟"与利润变化的回归分析

	(1) p_b^2	(2) p_g^2	(3) 总利润	(4) 第二阶段利润
新用户	−1.005 ***	−0.954 ***		
	(0.102)	(0.098)		
BBPD			93.346 ***	−14.274
			(21.527)	(14.922)
价格承诺	−1.617 ***	−1.246 ***	−320.858 ***	−145.104 ***
	(0.264)	(0.185)	(29.279)	(18.963)
间接网络外部性	0.332 ***	−0.446 ***	−58.045 ***	−23.675 ***
	(0.117)	(0.121)	(14.658)	(8.427)
轮次	−0.053 ***	−0.057 ***	−2.724 **	−1.8 **
	(0.01)	(0.011)	(1.359)	(0.748)
性别	−0.179	−0.324	−6.132	1.547
	(0.286)	(0.198)	(21.94)	(14.259)
风险偏好	−0.221	−0.021	−6.604	−0.387
	(0.332)	(0.216)	(24.308)	(16.913)
常数	12.966 ***	11.885 ***	1 380.537 ***	641.827 ***
	(0.677)	(0.432)	(51.511)	(34.499)
样本数	3 240	3 240	2 500	2 500

注:括号内为个体层面的聚类标准误,*** 、** 与 * 分别表示在 1%、5% 与 10% 的水平上显著。

回归(3)与回归(4)分别为对总利润与第二阶段利润的回归,均采用所有实验局的样本,其中"价格承诺"与"间接网络外部性"变量的定义与回归(1)一致,"BBPD"为虚拟变量,无歧视局取值为0,否则为1。回归(3)的结果显示,BBPD估计值显著为正,即无承诺BBPD局的利润高于无歧视局,而"价格承诺"估计值为负且与"BBPD"估计值之和为负,表明有承诺BBPD局的利润低于无歧视局,这与描述性统计的结果一致。"间接网络外部性"变量的估计值为负,即 α_b 的提高会减少平台的总利润。回归(4)分析了第二阶段的利润,结果显示"BBPD"变量为负但不显著,即无承诺BBPD局在第二阶段的利润并不显著地低于无歧视局,但"价格承诺"变量显著为负,即有承诺BBPD局在第二阶段的利润显著地低于无歧视局。"间接网络外部性"变量的估计值显著为负表明 α_b 的提高会进一步降低各实验局中平台在第二阶段的利润。

四、两种BBPD机制效果的讨论

在理论分析中,我们认为在BBPD时,由于平台在第二阶段时要根据用户在第一阶段的购买行为进行歧视定价,因此被试在第一阶段的市场结果会影响其在第二阶段中的定价行为,这使得被试需统筹考虑两阶段的定价决策。而在无歧视局中,两阶段的定价与结果互不影响,因此无歧视局中平台的两阶段决策是相互独立的。而根据是否在第一阶段对第二阶段老用户价格进行承诺,两种不同的BBPD机制下平台价格竞争的重点有所不同。在无承诺BBPD局中,平台在第一阶段获得的用户数量会对其第二阶段的竞争产生积极影响,因此平台愿意在第一阶段通过低价尽可能获取更多用户,从而在第二阶段获得优势;而在有承诺BBPD局中,由于平台需在第一阶段承诺第二阶段对老用户的定价,这一价格承诺使得平台能够在第一阶段更有效地锁定第二阶段的用户,这使得平台在第一阶段的价格竞争压力相对低于无承诺局。

而另一方面,在第一阶段承诺定价使得平台在第二阶段对新用户定价时可以有的放矢,针对性地根据对方的承诺价格定价,这整体上导致了有承诺 BBPD 局的第二阶段价格竞争更激烈。总结而言,我们认为无承诺 BBPD 局中平台在第一阶段的价格竞争更激烈,而有承诺 BBPD 局中平台在第二阶段的价格竞争更激烈,这在表 6-2 的实验结果预测中也可以直观地观察到结果。

但实验结果显示,有承诺 BBPD 局确实在第二阶段表现出相对其他实验局更低的定价,但无承诺 BBPD 实验局在第一阶段的定价却高于其他实验局。即当不存在价格承诺时,仅对消费者进行基于购买行为的价格歧视并不一定直接加剧平台间的价格竞争。从表 6-7 中可以发现在不同的间接网络外部性下,与无歧视局的结果相比,无承诺 BBPD 实验局中被试在第一阶段的定价均略有提高,而在第二阶段中对高间接网络外部性用户的各种定价均有所下降,而对低间接网络外部性用户的各种定价均略有上升。这一规律显示,被试在无承诺 BBPD 实验局中并未感受到更强烈的价格竞争压力,只是将第二阶段中的价格歧视作为更丰富的价格调整手段。被试显然没有如理论中预期的那样对两阶段的定价策略进行统筹考虑,在这一方面无承诺 BBPD 局的被试显得与无歧视局中的被试相近。实验后的问卷中询问了被试在实验决策时是否将两阶段定价决策整体考虑,问卷结果显示无歧视局与无承诺 BBPD 局被试的回答没有显著区别(Wilcoxon 符号秩检验:$z=-0.789$,$P=0.430$),而无歧视局与有承诺 BBPD 局的回答有显著区别(同上,$z=-1.785$,$P=0.074$)。这可能是因为有承诺 BBPD 局中实验规则要求被试需在第一阶段制定第二阶段老用户定价,这种机制安排促使被试必须统筹考虑两阶段的定价,这强化了竞争环境,可能是导致有承诺 BBPD 实验局定价明显低于其他两个实验局定价的重要原因。另一方面,在 BBPD 实验局的第二阶段中,由于双方平台对老用户的定价已在上一阶段给出,因此平台可以针对对方已给出的价格制定对新用户的定价,此时博弈在实际上已从同时博弈变成了序贯博弈,这也加剧了价格竞争的激烈程度。

第五节　本章小结

本章以第四章理论分析为基础,设计可控实验室实验检验存在间接网络外部性时,在无价格歧视、BBPD 且无价格承诺、BBPD 且有价格承诺三种定价策略下被试定价行为。

在实验设计中,为让被试更好地理解本实验的博弈过程、实验目的,本章以第四章博弈过程为依据,设计更贴近生活的实验场景,将理论分析中的消费者理性预期、间接网络外部性、偏好异质性、跨期偏好不变等要素转化为更适于被试理解的实验设计,在此基础上,设计不同实验局以分别刻画前述三种定价策略,并考虑间接网络外部性变化对被试定价行为的影响。

实验结果支持了理论分析的大部分结论,也发现了一些与理论不同的结果。实验发现在 BBPD 环境下"杀熟"行为稳定存在,平台总是对老用户收取更高的费用。消费者间接网络外部性的影响也得到证实,随着高外部性消费者间接网络外部性的提高,各实验局中被试的利润水平显著下降。实验发现,BBPD 策略并不一定会降低平台利润,无承诺 BBPD 时平台利润可能比无歧视时更高,而有承诺 BBPD 会稳定地降低平台利润。对比理论分析与实验结果发现,理论认为 BBPD 必然导致平台统一考虑两阶段的定价行为从而加剧价格竞争,但实验中无承诺 BBPD 局中的被试行为并不支持这一预测,只有在有承诺 BBPD 局中,价格承诺的存在使得被试统一考虑两阶段定价行为,加剧价格竞争。考虑到平台利润与消费者福利之间的关系,这一实验结果表明,与无价格歧视情况相比,寡头竞争的平台采用 BBPD 时有可能减少消费者福利,仅当平台同时进行价格承诺时消费者福利才会有所提高。

整体来看,本章实验结果基本上验证了理论模型主要结果。但在 BBPD 且无价格承诺实验局中,被试并未展开激烈竞争且未出现理论预期的"杀熟"现象,由此导致被试在 BBPD 且无价格承诺时所获利润最高,其原因可能在于被试并不满足完全理性人假设,不愿意如理论预期那样进行激烈价格竞争。

第七章　结论与政策建议

近年来，我国数字经济、平台经济发展迅速，众多消费互联网平台涌现，如淘宝、京东、滴滴、美团等平台企业已成为中国平台经济的代表，同时，产业互联网正在孕育新一轮的数字经济浪潮。但也应看到，我国平台企业与全球领先平台企业仍有较大差距，鼓励平台企业做大做强仍然是首要任务；同时，尽管大多数平台正处于成长期，但在个别领域已出现"野蛮生长"态势，如"杀熟"等现象，引起了社会的广泛关注，对数字经济、平台经济的长远发展带来了不利影响。由此，必须加强对平台企业微观运行机制研究，并提出可行的政策建议，以促进平台经济健康有序发展。本书关注于对平台企业 BBPD 定价行为的研究，是对现有平台企业定价理论文献的一个有益补充，能够很好地解释平台企业的一些定价现象，具有一定的实践指导意义。

第一节　研究结论

本书遵循"用理论模型分析经济现象、用实验数据检验理论结果"的逻辑，从理论分析与实验检验两个角度，对不同类型平台企业的 BBPD 定价行为进行研究。具体而言，在理论层面，本书在区分直接网络外部性、间接网络外部性的基础上，将平台企业价格承诺、消费者偏好异质性等因素，纳入两阶段博弈分析框架，研究不同类型平台企业BBPD 定价策略及其对市场绩效的影响；在实验层面，力求为被试还原出与理论分析假设高度符合的实验环境,并以此观测被试定价行为,获得相应微观定价数据并对模型分析核心机制、主要结论进行检验。本书在模型构建中引入网络外部性、平台价格承诺、消费者偏好异质性等因素,导致本书所得结论与陈勇民(Chen,1997)、卡米纳尔和马图特斯(Caminal & Matutes,1990)、弗登伯格和梯若尔(Fudenberg & Tirole,2000)、泰勒(Taylor,2003)、陈和皮尔西(Chen & Pearcy,2010)、蒋传海(2010)、毕菁佩和舒华英(2016)、卡罗尼(Carroni,2017)等人的研究结论均有不同。本书主要结论如下。

一、直接网络外部性对平台企业 BBPD 定价行为的影响

在诸如通信、网络社交、网络游戏、短视频等产业中,直接网络外部性对平台企业运行起着主导作用,此时,直接网络外部性对平台企业定价行为、市场绩效等的影响如下。

1. 理论分析结果

对平台竞争及定价行为的影响。无价格承诺时,在第二阶段,平台间竞争加剧使其对新老客户定价均低于统一定价,且当网络外部性参数较大时,可能出现定价低于边际成本,甚至出现补贴的情况;平台选择对新客户优惠以诱导其转移的定价策略,由此出现两平台间用户交换情况;第二阶段对老客户定价随第一阶段市场份额递增,新客户定价则随其递减;在第一阶段,平台间竞争是否加剧取决于直接网络外部性参数 α 的大小。有价格承诺时,在第二阶段,平台间竞争是否加剧取决于 α 的大小,由此导致第二阶段并不一定存在消费者转移购买行为;平台对老客户定价低于统一定价,但对新用户定价则未必如此;对新客户定价将随其第一阶段所获市场份额的增加而减少;在第一阶段,平台间竞争是否加剧依然取决于 α 的大小。

对平台占优策略及社会福利的影响。数值模拟表明,BBPD 且有价格承诺为平台企业严格被占优策略,当 $\alpha \in (0,0.5)$ 时,平台企业占优策

略为统一定价；当 $\alpha \in (0.5, 1)$ 时，其占优策略为 BBPD 且无价格承诺。对于消费者剩余而言，若 $\alpha \in (0, 0.5)$，BBPD（有价格承诺、无价格承诺）将导致消费者剩余增加；若 $\alpha \in (0.5, 1)$，无价格承诺导致消费者剩余减少，有价格承诺时消费者剩余既可增加也可减少。对社会福利而言，BBPD（有价格承诺、无价格承诺）将导致社会福利损失。当平台选择占优策略时，将导致平台企业利润增加、消费者剩余和社会福利减少。

2. 实验检验结果

试验结果证明了理论分析主要结论。（1）当企业采取 BBPD 时，总存在"杀熟"行为，即企业对老顾客收取更高的费用。（2）采用 BBPD 定价策略时，企业的价格竞争加剧，企业的总利润低于无价格歧视时，且有价格承诺时的企业利润低于无价格承诺时。（3）直接网络外部性增加在三种定价策略下都会导致定价降低、加剧企业竞争；而在两种 BBPD 策略下，网络外部性增加会导致对新顾客的价格倾斜程度减少，缩小新老顾客价格差，缓和"杀熟"现象。

二、间接网络外部性对平台企业 BBPD 定价行为的影响

在电商平台、网约车平台、网络视听平台等平台企业中，间接网络外部性对平台企业运行起着主导作用，此时，其对平台企业定价行为、市场绩效等的影响如下。

1. 理论分析结果

对平台竞争及定价行为的影响。无价格承诺时，在第二阶段，平台对所有客户定价都低于统一定价，这将加剧两平台间竞争；两平台对新客户定价均较低，此时存在消费者转移现象；在第二阶段对双边用户的定价与其在第一阶段所获双边用户市场份额均相关，该相关性受双边用户间接网络外部性参数 α_j 相对大小影响；第一阶段竞争是否加剧，取决于 α_j 相对大小。有价格承诺时，平台两阶段竞争是否加剧以及第二

阶段对新老用户优惠,均取决于 α_j 相对大小;若平台对新客户优惠定价,第二阶段存在用户转移,否则第二阶段无用户转移;无论平台进行价格承诺与否,间接网络外部性均导致平台对双边用户差异定价,即"倾斜式定价",如无价格承诺时,若 $\alpha_j > \alpha_{-j}$,则两平台在第二阶段均对 j 边用户设定较高价格,且随 α_j 的变大而增加,将会出现定价低于边际成本,甚至出现补贴的情况。

对平台占优策略及社会福利的影响。数值模拟表明,给定 $\alpha_j \in (0,1)$,存在一个 α_{-j}^* 使得平台企业选择 BBPD 定价行为时其定价、利润、消费者剩余及社会福利等函数均存在一个间断点。平台占优策略为:若 $\alpha_{-j} \in (0, \alpha_{-j}^*)$,选择统一定价,若 $\alpha_{-j} \in (\alpha_{-j}^*, 1)$,选择有价格承诺;BBPD 且无价格承诺为严格被占优策略。对消费者剩余而言,无价格承诺增加消费者剩余,而有价格承诺的影响则不确定;当平台占优策略为有价格承诺时将导致消费者剩余减少。对于社会福利而言,无论有无价格承诺,BBPD 定价行为都将导致社会福利减少,且无价格承诺时社会福利低于有价格承诺时。

2. 实验检验结果

实验结果支持了理论分析的大部分结论,也发现了一些与理论不同的结果。实验发现在 BBPD 环境下"杀熟"行为稳定存在,平台总是对老用户收取更高的费用。间接网络外部性的影响也得到证实,随着高外部性消费者网络外部性的提高,各实验局中被试的利润水平显著下降。实验发现,无承诺 BBPD 时平台利润可能比无歧视时更高,而有承诺 BBPD 会稳定地降低平台利润。对比理论分析与实验结果发现,理论认为 BBPD 必然导致平台统筹考虑两期的定价行为从而加剧价格竞争,但实验中无承诺 BBPD 局中的被试行为并不支持这一预测,只有在有承诺 BBPD 局中,价格承诺的存在使得被试统筹考虑两期定价行为,加剧价格竞争。考虑到平台利润与消费者福利之间的关系,这一实验结果表明,与无价格歧视情况相比,寡头竞争的平台采用 BBPD 时有可能减少消费者福利,仅当平台同时进行价格承诺时消费者福利才会有所提高。

第二节　政策建议

根据前文理论分析和实验检验的相关结果,提出如下政策建议。

一、规范平台企业数据搜集行为

在平台经济中,大数据的价值得到了充分的体现,数据的获得与价值挖掘已成为平台企业的重要盈利点之一。同时,BBPD 定价行为是各类平台企业广泛采用的定价行为,该定价行为随着企业信息搜集处理能力的提升而出现,并将随着信息处理技术的发展而越来越广泛地应用。"作为交易媒介"的平台企业在用户信息搜集、处理、应用方面更是具有传统产业组织形式无法比拟的优势,这也为这些平台进行 BBPD 定价行为提供了有利条件。平台企业采用 BBPD 定价行为需要搜集用户购买信息,以此进行价格歧视。而该行为既涉及消费者隐私保护,也涉及大数据"杀熟"问题,如,根据本书研究结果,对双边市场而言,BBPD 且有价格承诺是其占优策略之一,而此时,随着双边用户之间间接网络外部性的相对变化,就可能出现对老客户制定更高价格的现象。这些行为短期来看能够使平台企业获得较多利润,但是长期来看将引起消费者的抵触,是对企业品牌信誉、平台经济声誉的透支,如果听之任之,可能会影响整个平台经济的健康发展。因此,为满足平台经济时代商业模式创新的需求,同时也能更好地保护消费者个人信息,解决平台企业运营中普遍存在的过度搜集用户数据、侵犯消费者隐私等问题,应建立更完善的法律保障体系、健全更科学的权益保障机制,以此来规范平台企业对用户的数据搜集行为。

二、规范平台企业价格歧视行为

平台企业具有网络外部性主导和边际成本较低这两个典型特征，前者决定了平台必须吸引到关键多数的用户量才能维持正常运营，后者决定了平台具有规模报酬递增的性质并由此出现"赢者通吃"的现象（埃文斯，2016）。基于此，各类平台都采取了各种价格歧视策略去吸引用户，如本书所研究的包括首单优惠、给老客户发放优惠券等，尽管这些策略是吸引用户接入、保持用户品牌偏好的必要手段，但根据本书研究结论这些策略可能会导致消费者剩余、社会福利的损失。事实上，除了 BBPD 定价策略之外，平台企业经常采用的包括价格补贴、倾斜定价、会员制等价格歧视行为，都可能导致消费者剩余、社会福利损失（董雪兵等，2020）。因此，从消费者剩余最大化、社会福利最大化的角度，必须加强对平台企业各类价格歧视行为的监管。在监管中应充分发挥大数据、区块链、人工智能等前沿技术的作用，强化监管"平台思维"，构建主管部门负责、各部门联动的"监管云平台"，实现相关监管数据的跨区域、跨部门实时共享。

三、提高平台企业自身运营能力

随着商业模式创新的不断深化，各个细分领域的平台企业不断涌现。而从这些平台企业的定价模式来看，往往存在盲目跟风、大同小异等问题，有些看似很普遍的定价行为却并不是平台的占优策略，并且还会导致消费者剩余、社会福利的减少，这也在某种程度上解释了一些平台企业用户体量巨大但无法实现盈利的现象。从本书研究结论来看，就 BBPD 定价策略而言，在单边平台与双边平台之间，就存在着明显的占优策略差异；并且，随着平台用户间网络外部性的变化，其占优策略也会随之而变，而在平台运营中，往往很少据此进行策略调整。除了本书所研究的 BBPD 定价策略之外，当平台采取其他类型价格歧视时，也面临着类似问题,如在网络视听行业中普遍存在的会员制,就并非在所有网络外部性下都占优的定价策略(董雪兵等,2020)。因此,在平台企业运营中,应提升自身运营能力,结合用户特征不断调整自身定价策略,以实现平台利润最大化。

四、推动平台生态圈多元共治

平台经济是一种由政府监管部门、平台、商家、消费者、社会公众等众多利益相关方共同参与组成的复杂生态系统(阿里研究院,2017),其用户体量大、影响范围广、涉及利益主体众多。在某种程度上,这使得平台企业定价行为往往"牵一发而动全身",成为平台生态圈多方关注的公共事件。这就要求以多元主体共管共治来规范平台企业定价行为、推动平台经济健康发展。首先,要明确平台主体责任。平台企业是平台生态圈的主体,也是具有准公共物品性质的经济实体,因此,需从法律、政策制定上明确平台主体责任,推动更多的平台加强自身生态圈管理,并承担更多社会责任、维护社会公共利益。其次,要加强行业自律。各个细分市场平台企业不断涌现,而存在审慎监管、法律滞后等现象,为了确保平台经济生态圈下各行业的健康可持续发展,还必须推进行业自律,建立行业自我约束避免劣币驱逐良币,实现平台经济共荣发展。最后,要推动利益相关方积极参与。在"海量服务提供者+平台+海量消费者"的商业模式下,平台用户、社会公众成为平台经济治理的重要参与者,而且一定程度上平台用户对平台商家、商品或服务提供者的评价成为驱动平台生态繁荣的直接力量,消费者的力量得到空前提高。因此,应构建各利益相关方协同监管机制,畅通各方协同治理渠道,发挥消费者、社会公众的监督作用,以此推动利益相关方积极参与平台经济生态圈的共建共享。

第三节　研究不足与展望

在数字经济时代,平台企业的发展既对原有经济格局带来了巨大冲击,也为未来经济发展提供了全新机遇。但对平台企业的研究才刚刚起步,对平台经济发展规律的认识仍有待深入。结合本书研究不足,提出如下几点研究展望:

第一,本书理论分析中,假设当平台企业采用 BBPD 定价策略时,其对新老客户提供标准化服务。事实上,与传统产业组织所提供的标准化产品或服务不同,平台企业往往为其顾客提供差异化服务,平台之间甚至在价格与服务两个维度同时展开竞争。而本书研究并未考虑平台为被试提供非标准化服务的情况,因此,在未来研究中,有必要将平台企业差异化服务、差异化定价纳入模型展开进一步研究。

第二,在本书分析中,仅考虑了用户跨期偏好不变的情况,而现实中用户跨期偏好可能随其消费体验而变化,因此,借鉴陈和皮尔西(Chen & Pearcy, 2010)的方法将 copula 函数引入本书模型,研究消费者跨期偏好变化对平台企业 BBPD 定价行为的影响,将是本书可以改进的一个方向。

第三,本书研究的 BBPD 定价行为属于弗登伯格和梯若尔(Fudenberg & Tirole, 2000)所说的短期契约的范畴,而并未对各类平台提供长期契约的情况(如爱奇艺等平台的半年会员卡,曹操专车等平台的保姆车服务)进行分析,长期契约作为平台锁定客户常用的策略,也会对平台企业的 BBPD 定价策略产生相应的影响,这是未来值得研究的问题。

第四,本书研究中,假设消费者在第一阶段光顾平台就产生消费行为,并且对自己的偏好不进行掩饰。而现实中,消费者往往会在不同的平台之间转换,或者隐藏自己的浏览记录,或者只浏览页面不购买,以此来掩饰自己的偏好。增加这些行为的刻画,将会使模型更好地解释现实经济现象,对此阿奎斯蒂和瓦里安(Acquisti & Varian,2005)进行了研究,但其研究关注单边市场的情况,并未考虑间接网络外部性的作用,因而也可以将其模型与双边市场理论结合起来展开研究。

第五,本书研究中,仅考虑了两阶段博弈的情况,并没有考虑平台企业与用户之间的长期博弈问题,且假设平台企业与用户的折现率都为1。从长期来看,平台企业可能处于成长型行业或衰退型行业,而不同类型行业中平台企业的折现率也不同,同时,有些行业中平台用户可能更追求长远效用,而有些行业中则可能追求当前效用。由此,根据不同类型行业的情况,将长期博弈、平台折现率、用户折现率纳入 BBPD 定价策略,也值得进一步探讨。

第六,本书研究中,利用了实验经济学方法获取微观数据,这种方法存在着数据量小的局限及外部有效性的风险。而现有关于平台企业价格歧视的研究以理论分析为主,缺乏相应的实证支撑,其原因在于平台企业定价数据不易获取。对此,已有平台企业积极行动,如阿里巴巴罗汉堂推出"数享计划",通过提供脱敏数据的形式支持学术界加强对平台经济、数字经济的研究,这为今后对平台企业定价行为的研究提供了很好的机会,也是今后研究中值得深入探索的领域。

参考文献

[1] Aarland K, Davis J C, Henderson J V, et al. Spatial organization of firms: the decision to split production and administration[J]. The RAND Journal of Economics, 2007, 38(2):480 - 494.

[2] Abbink K, Brandts J. Price competition under cost uncertainty: a laboratory analysis[J]. Economic Inquiry, 2005, 43(3):636 - 648.

[3] Abbink K, Brandts J. Pricing in Bertrand competition with increasing marginal costs[J]. Games and Economic Behavior, 2008, 63(1):0 - 31.

[4] Abrams E, Sefton M, Yavas A. An experimental comparison of two search models[J]. Advances in Experimental Markets, 2001,16:71 - 85.

[5] Acquisti A, Varian H R. Conditioning prices on purchase history[J]. Marketing Science, 2005, 24(3):367 - 381.

[6] Adachi T. Third-degree price discrimination, consumption externalities and social welfare[J]. Economica, 2005, 72(285):171 - 178.

[7] Ambrus A, Argenziano R. Asymmetric networks in two-sided markets[J]. American Economic Journal: Microeconomics, 2009, 1(1):17 - 52.

[8] Amin A. Industrial districts: a companion in economic geography[M]. Oxford: Blackwell Publisher, 2000.

[9] Amiti M, Pissarides C A. Trade and industrial location with heterogeneous labor[J]. Journal of International Economics, 2005, 67(2):392 - 412.

[10] Angelucci C, Cage J, Nijs D R. Price discrimination in a two-sided market: theory and evidence from the newspaper industry[J]. NET Institute Working Paper, 2013.

[11] Anderson S P, Neven D J. Cournot competition yields spatial agglomeration[J]. International Economic Review, 1991, 4:793 - 807.

[12] Apesteguia J, Huck S, Oechssler J. Imitation: theory and experimental evidence[J]. Journal of Economic Theory, 2007, 136(1):217 - 235.

[13] Armstrong M, Wright J. Two-sided markets, competitive bottlenecks and exclusive contracts[J]. Economic Theory, 2007, 32(2):353 - 380.

[14] Armstrong M. Competition in two-sided markets[J]. The RAND Journal of Economics, 2006, 37(3):668 - 691.

[15] Baake P, Boom A. Vertical product differentiation, network externalities, and compatibility decisions[J]. International Journal of Industrial Organization, 2001, 19(1):267 - 284.

[16] Bayer R. Intertemporal price discrimination and competition[J]. Journal of Economic Behavior & Organization, 2010, 73:273 - 293.

[17] Baye M R, Morgan J. Price dispersion in the lab and on the internet: theory and evidence[J]. The RAND Journal of Economics, 2004, 35:449 - 466.

[18] Baye M, Morgan J, Scholten P. Information, Search, and Price Dispersion[A]. Amsterdam: North-Holland, 2006:323 - 376.

[19] Bell D. Location is still everything: the surprising influence of the real world on how we search, shop, and sell in the virtual one[M]. Boston, MA: New Harvest, 2014.

[20] Bensaid B, Lesne J P. Dynamic monopoly pricing with network externalities[J]. International Journal of Industrial Organization, 1996, 14(6): 837 - 855.

[21] Blonski M. Network externalities and two-part tariffs in telecommunication markets[J]. Information Economics and Policy, 2002, 14(1):95 - 109.

[22] Boik A. Intermediaries in two-sided markets: an empirical analysis of the US cable television industry[J]. American Economic Journal: Microeconomics, 2016, 8(1):256 - 282.

[23] Bosch-Domènech A, Vriend N J. Imitation of successful behavior in Cournot markets[J]. The Economic Journal, 2003, 113(487):495 - 524.

[24] Böhme E. Second-degree price discrimination on two-sided markets[J]. Review of Network Economics, 2016, 15(2):91 - 115.

[25] Bradley J R, Weiss A, Etziony A. Coordination and critical mass in a network market: an experimental investigation[J]. Bar-Ilan University Department of Economics Research Paper, 2010, 24(2010 - 03):1855 - 1862.

[26] Brokesova Z, Deck C, Peliova J. Experimenting with purchase history-based price discrimination[J]. International Journal of Industrial Organization, 2014, 37(11):229 - 237.

[27] Brynjolfsson E, Hu Y, Smith M. Consumer surplus in the digital economy: estimating the value of increased product variety at online booksellers[J].

Management Science, 2003, 49(11):1580 - 1596.

[28] Carbo-Valverde S, Hannan T H, Rodriguez-Fernandez F. Exploiting old customers and attracting new ones: the case of bank deposit pricing[J]. European Economic Review, 2011, 55(7):903 - 915.

[29] Cairncross F. The death of distance[M]. Cambridge, MA: Harvard University Press, 1997.

[30] Caillaud B, Jullien B. Chicken & egg: competition among intermediation service providers[J]. The RAND Journal of Economics, 2003, 34(2): 309 - 328.

[31] Caminal R, Matutes C. Endogenous switching costs in a duopoly model [J]. International Journal of Industrial Organization, 1990, 8(3):353 - 373.

[32] Carroni E. Behaviour-based price discrimination with cross-group externalities[J]. Journal of Economics, 2018, 125(2):137 - 157.

[33] Cason T, Friedman D. Buyer search and price dispersion: a laboratory study[J]. Journal of Economic Theory, 2003, 112 (2):232 - 260.

[34] Chakravarty S. Experimental evidence on product adoption in the presence of network externalities [J]. Review of Industrial Organization, 2003, 23(3):233 - 254.

[35] Chamberlin E H. An experimental imperfect market[J]. Journal of Political Economy, 1948, 56(2):95 - 108.

[36] Charles A H. Industrial organization: a survey of laboratory research [A]. Princeton: Princeton University Press, 1993.

[37] Chen Y. Paying customers to switch[J]. Journal of Economics & Management Strategy, 1997, 6(4):877 - 897.

[38] Chen Y M, Pearcy J. Dynamic pricing: when to entice brand switching and when to reward consumer loyalty[J]. The RAND Journal of Economics, 2010, 41(4):674 - 685.

[39] Chen Y. Improving market performance in the digital economy[J]. MPRA Paper, 2020.

[40] Cox J C, Dinkin S, Swarthout J T. Endogenous entry and exit in common value auctions[J]. Experimental Economics, 2001, 4(2):163 - 181.

[41] Cox J C, Roberson B, Smith V L. Theory and behavior of single object auctions[J]. Research in Experimental Economics, 1982, 2(1):1 - 43.

[42] Csorba G. Contracting with asymmetric information in the presence of positive network effects: screening and divide-and-conquer techniques[J].

Information Economics and Policy, 2008, 20(1):54 – 66.

[43] Dang T O'N. & Ackerman K J. Competition and lock-in in an experimental market with network effects [J]. Department of Economics, University of Arizona, working paper, 2009.

[44] Drehmann M, Oechssler J, Roider A. Herding with and without payoff externalities: an internet experiment[J]. International Journal of Industrial Organization, 2007, 25(2):391 – 415.

[45] Dolbear F T, Lave L B, Bowman G, et al. Collusion in oligopoly: an experiment on the effect of numbers and information[J]. Quarterly Journal of Economics, 1968(82):240 – 259.

[46] Douglas D, Harrison G W, Williams A W. Convergence to nonstationary competitive equilibria: an experimental analysis[J]. Journal of Economic Behavior & Organization, 1993, 22(3):305 – 326.

[47] Dufwenberg M, Gneezy U. Price competition and market concentration: an experimental study[J]. International Journal of Industrial Organization, 2000(18):7 – 22.

[48] Duranton G, Puga D. From sectoral to functional urban specialization[J]. Journal of Urban Economics, 2002, 57:343 – 370.

[49] Economides N, Himmelberg C. Critical mass and network evolution in telecommunications in "Toward a competitive telecommunications industry: selected papers from the 1994 telecommunications policy research conference", Gerard Brock(ed.), 1995. http://www.stern.nyu.edu/networks/tprc.pdf.

[50] Economides N, Flyer F, Compatibility and market structure for network goods. Discussion Paper EC-98-02, Stern School of Business, N.Y.U. 1998. http://www.stern.nyu.edu/networks/98-02.pdf.

[51] Economides N. Competition policy in network industries: an introduction [J].SSRN Electronic Journal, 2004, 5:04 – 23.

[52] Esteves R B, Reggiani C. Elasticity of demand and behavior-based price discrimination [J]. International Journal of Industrial Organization, 2014, 32(1):46 – 56.

[53] Esteves R B, Vasconcelos H. Price discrimination under customer recognition and mergers[J]. Journal of Economics & Management Strategy, 2015, 24(3):523 – 549.

[54] Esteves R B, Cerqueira S. Behavior-based pricing under imperfectly informed consumers [J]. Information Economics & Policy, 2017, 40:60 – 70.

[55] Esteves R B. Behavior-based price discrimination with retention offers[J].

Information Economics and Policy, 2014, 27:39 - 51.

[56] Erev I, Roth A E, Slonim R, et al. Combining a theoretical prediction with experimental evidence[J]. SSRN 1111712, 2002.

[57] Evans D. The antitrust economics of multi-sided platform markets[J]. Yale Journal on Regulation, 2003, 20(2):325 - 382.

[58] Fouraker L E, Siegel S. Bargaining behavior[M]. New York: McGraw-Hill, 1963.

[59] Farrell J, Saloner G. Standardization, compatibility, and innovation[J]. The RAND Journal of Economics, 1985, 16(1):70 - 83.

[60] Fischbacher U. Z-Tree: Zurich toolbox for ready-made economic experiments[J]. Experimental Economics, 2007, 10:171 - 178.

[61] Fudenberg D, Tirole J. Customer poaching and brand switching[J]. The RAND Journal of Economics, 2000, 31(4):634 - 657.

[62] Friedman T. The world is flat: a brief history of the twenty-first century [M]. New York: Farrar, Straus, and Giroux, 2005.

[63] Gabszewicz J, Wauthy X Y. Vertical product differentiation and two-sided markets[J]. Economics Letters, 2014, 123(1):58 - 61.

[64] Goldfarb A, Tucker C. Digital economics[J]. Journal of Economic Literature, 2019, 57(1):3 - 43.

[65] Gehrig T, Shy O, Stenbacka R. History-based price discrimination and entry in markets with switching costs: a welfare analysis[J]. European Economic Review, 2011, 55(5):732 - 739.

[66] Gil R, Riera-Crichton D. Price discrimination and competition in two-sided markets: evidence from the Spanish local TV industry[J]. Social Science Electronic journal, 2011.

[67] Gomes R. Optimal auction design in two-sided markets[J]. The RAND Journal of Economics, 2014, 45(2):248 - 272.

[68] Gomes R, Pavan A. Many-to-many matching and price discrimination[J]. Theoretical Economics, 2016, 11(3):1005 - 1052.

[69] Güth W, Ockenfels P, Ritzberger K. On durable goods monopolies an experimental study of intrapersonal price competition and price discrimination over time[J]. Journal of Economic Psychology, 1995, 16(2):247 - 274.

[70] Hagiu A. Two-sided platforms: product variety and pricing structures [J]. Journal of Economics & Management Strategy, 2009, 18(4):1011 - 1043.

[71] Heukelom F. Behavioral economics: a History[M]. Cambridge: Cam-

bridge University Press, 2014.

[72] Huck S, Normann H T, Oechssler J. Learning in Cournot oligopoly: an experiment[J]. The Economic Journal, 1999, 109:80 - 95.

[73] Huck S, Normann H T, Oechssler J. Does information about competitors' actions increase or decrease competition in experimental oligopoly markets? [J]. International Journal of Industrial Organization, 2000, 18: 39 - 57.

[74] Huck S, Normann H T, Oechssler J. Two are few and four are many: number effects in experimental oligopolies[J]. Journal of Economic Behavior and Organization, 2002, 53:435 - 446.

[75] Jeon D S, Kim B C, Menicucci D. Second-degree price discrimination by a two-sided monopoly platform[J]. American Economic Journal: Microeconomics, Vol.14, No.2, May 2022.

[76] Jing B. Network externalities and market segmentation in a monopoly[J]. Economics Letters, 2007, 95(1):0 - 13.

[77] Jorgenson D, Ho M S, Stiroh K. Productivity, volume 3: information technology and the American growth resurgence[M]. Cambridge, MA: MIT Press, 2005.

[78] Kaiser U, Wright J. Price structure in two-sided markets: evidence from the magazine industry[J]. International Journal of Industrial Organization, 2006, 24(1):0 - 28.

[79] Katz M L, Shapiro C. Network externalities, competition, and compatibility[J]. The American Economic Review, 1985, 75(3):424 - 440.

[80] Kagel J H, Levin D. The winner's curse and public information in common value auctions[J]. The American Economic Review, 1986, 76(5): 894 - 920.

[81] Kagel J H, Levin D, Battalio R C, et al. First-price common value auctions: bidder behavior and the "Winner's Curse"[J]. Economic Inquiry, 1989, 27(2):241 - 258.

[82] Kim B C, Lee J, Park H. Two-sided platform competition with multihoming agents: an empirical study on the daily deals market[J]. Information Economics and Policy, 2017, 41(12):36 - 53.

[83] King S P, Lampe R. Network externalities, price discrimination and profitable piracy[J]. Information Economics and Policy, 2003, 15(3): 271 - 290.

[84] Kopczewski T, Krawczyk M, Kusztelak P. Enforced compatibility and control of switching costs in markets with network externalities: an ex-

periment[J]. Central European Economic Journal, 2013, 35(12):46 - 64.

[85] Lee R S. Vertical integration and exclusivity in platform and two-sided markets[J]. American Economic Review, 2013, 103(7):2960 - 3000.

[86] Leibbrandt A. Behavioral constraints on price discrimination: experimental evidence on pricing and customer antagonism[J]. European Economic Review, 2020, 121:103303.

[87] Li Z X, Duan J A. Coordination and dynamic promotion strategies in crowdfunding with network externalities[J]. Production and Operations Management, working paper, 2014.

[88] Lind B, Plott C R. The winner's curse: experiments with buyers and with sellers[J]. The American Economic Review, 1991, 81(1):335 - 346.

[89] Liu Q, Serfes K. Price discrimination in two-sided markets[J]. Journal of Economics & Management Strategy, 2013, 22(4):768 - 786.

[90] Lu Y, Poddar S. Strategic choice of network externality and its impact on digital piracy[J]. Review of Industrial Organization, 2018, 52(1):139 - 160.

[91] Mahmood A, Vulkan N. Market structure and behavior based price discrimination[J]. Working paper, Oxford University, 2012.

[92] Mahmood A. How do customer characteristics impact behavior-based price discrimination? An experimental investigation[J]. Journal of Strategic Marketing, 2014, 22(6):530 - 547.

[93] Murata Y. Taste heterogeneity and the scale of production: fragmentation, unification, and segmentation[J]. Journal of Urban Economics, 2007, 62(1):135 - 160.

[94] Morgan J, Orzen H, Sefton M. An experimental study of price dispersion [J]. Games and Economic Behavior, 2006, 54:134 - 158.

[95] Nocke V. A gap for me: entrepreneurs and entry[J]. Journal of the European Economic Association, 2006, 4(5):929 - 956.

[96] Nijs D R. Behavior-based price discrimination and customer information sharing[J]. International Journal of Industrial Organization, 2017, 50:319 - 334.

[97] Okubo T, Picard P M. The spatial selection of heterogeneous firms[J]. CORE Disscusion Paper No.2008017, 2008.

[98] Orzen H, Sefton M. An experiment on spatial price competition[J]. International Journal of Industrial Organization, 2008, 26:716 - 729.

[99] Orland A, Selten R. Buyer power in bilateral oligopolies with advance

production: experimental evidence[J]. Journal of Economic Behavior &
Organization. 2016, 122:31 - 42.

[100] Offerman T, Potters J, Sonnemans J. Imitation and belief learning in an
oligopoly experiment[J]. Review of Economic Studies. 2002, 69:973 -
997.

[101] Padmanabhan V, Rajiv S, Srinivasan K. New products, upgrades, and
new releases: a rationale for sequential product introduction[J]. Journal
of Market Research, 1997, 34(4):456 - 472.

[102] Peitz M, Rady S, Trepper P. Experimentation in two-sided markets[J].
Journal of the European Economic Association, 2016, 15(1):128 - 172.

[103] Pal D. Does cournot competition yields spatial agglomeration? [J]. Eco-
nomics Letters, 1998, 60:49 - 53.

[104] Reisinger M. Two-part tariff competition between two-sided platforms
[J]. European Economic Review, 2014, 68(3):168 - 180.

[105] Rochet J C, Tirole J. Platform competition in two-sided markets[J].
Journal of the European Economic Association, 2003, 1(4):990 - 1029.

[106] Rochet J C, Tirole J. Two-sided markets: a progress report[J]. The
RAND Journal of Economics, 2006, 37(3):645 - 667.

[107] Roger G. Two-sided competition with vertical differentiation[J]. Journal
of Economics, 2017, 120(3):193 - 217.

[108] Roson R. Auctions in a two-sided network: the market for meal voucher
services[J]. Networks and Spatial Economics, 2005, 5(4):339 - 350.

[109] Roth A E. Laboratory experimentation in economics: a methodological
overview[J]. The Economic Journal, 1988, 98(393):974 - 1031.

[110] Rhee K E. What types of switching costs to create under behavior-based
price discrimination? [J]. International Journal of Industrial Organiza-
tion, 2014, 37(1):209 - 221.

[111] Rhee K E, Thomadsen R. Behavior-based pricing in vertically differenti-
ated industries[J]. Management Science, 2017, 63(8):2729 - 2740.

[112] Rysman M. The economics of two-sided markets [J]. Journal of
Economic Perspectives, 2009, 23(3):125 - 143.

[113] Samuelson L. Economic theory and experimental economics[J]. Journal
of Economic Literature, 2005, 43(1):65 - 107.

[114] Selten R, Apesteguia J. Experimentally observed imitation and coopera-
tion in price competition on the circle[J]. Games and Economic Behavior,
2005, 51, 171 - 192.

[115] Shaw I, Vulkan N. Competitive personalized pricing: an experimental

investigation[J]. Review of Economic Studies, 2012, Submitted.

[116] Shy O, Stenbacka R, Zhang D H. History-based versus uniform pricing in growing and declining markets[J]. International Journal of Industrial Organization, 2016, 48:88 - 117.

[117] Simon H A. Theories of decision-making in economics and behavioral science[J]. American Economic Review, 1959, 49:253 - 283.

[118] Sinai T, Waldfogel J. Geography and the internet: is the internet a sub-stitute or complement for cities? [J]. Journal of Urban Economics, 2004, 56(1):1 - 24.

[119] Smith VL. An experimental study of competitive market behavior[J]. Journal of Political Economy, 1962, 70(2):111.

[120] Sundararajan A. Nonlinear pricing and type-dependent network effects [J]. Economics Letters, 2004, 83(1):107 - 113.

[121] Taylor C R. Supplier surfing: competition and consumer behavior in subscription markets[J]. The RAND Journal of Economics, 2003, 34(2):223 - 246.

[122] Villas-Boas J M. Dynamic competition with customer recognition[J]. The RAND Journal of Economics, 1999, 30(4):604 - 631.

[123] Weyl E G. A price theory of multi-sided platforms[J]. The American Economic Review, 2010, 100(4):1642 - 1672.

[124] Wilbur K C. A two-sided, empirical model of television advertising and viewing markets[J]. Marketing Science, 2008, 27(3):356 - 378.

[125] Wolpert J. Behavioral aspects of the decision to migrate[J]. Papers of the Regional Science Association, 1965, 15:159 - 169.

[126] Greenstein S, Forman C, Goldfarb A. How geography shapes—and is shaped by—the internet[J/OL]. The New Oxford Handbook of Eco-nomic Geography. [2018-02]http://www.oxfordhandbooks.com.

[127] 毕菁佩,舒华英.基于竞争平台的新老用户定价策略分析[J].管理学报, 2016, 13(8):1257-1262.

[128] 程贵孙.具有负网络外部性的媒体平台竞争与福利研究[J].管理科学学报,2010, 13(10):89-96.

[129] 段文奇,柯玲芬.基于用户规模的双边平台适应性动态定价策略研究[J].中国管理科学,2016, 24(08):79-87.

[130] 戴维·S.埃文斯.平台经济学:多边平台产业论文集[M].周勤,等译.北京:经济科学出版社,2016.

[131] 丹尼尔·豪瑟,罗卫东,范良聪(采访),杨晓兰(整理).实验经济学的兴起、发展及其在中国的应用前景[J].浙江大学学报(人文社会科学版),

2012,42(4):37-46.

[132] 邓流生等.考虑网络外部性的信息产品定价与政府反盗版政策研究[J].
经济问题探索,2010,12:187-190.

[133] 窦一凡,吴东军,陈剑.考虑前瞻性买者的软件定价策略研究[J].清华大
学学报(自然科学版),2012,8:112-115.

[134] 窦一凡,朱岩.基于纵向差异化的双边软件平台竞争[J].清华大学学报
(自然科学版),2015,55(06):705-708.

[135] 董雪兵,赵传羽,叶兵.双边市场、不完全信息与二级价格歧视[J].经济
理论与经济管理,2020,1:97-112.

[136] 董雪兵,赵传羽.双边市场、不完全信息与基于购买行为的价格歧视[J].
社会科学战线,2020,4:59-75+281-282.

[137] 范良聪.实验经济学兴起与发展的动力机制研究[D].杭州:浙江大
学,2010.

[138] 方远平,闫小培.信息技术影响下服务业区位研究述评与展望[J].云南
地理环境研究,2007,6:69-74.

[139] 费方域,闫自信,陈永伟等.数字经济时代数据性质、产权和竞争[J].财
经问题研究,2018,2:3-21.

[140] 符文颖,邓金玲.产业转型背景下创业区位选择和集群空间演化[J].地
理科学,2017,37(06):833-840.

[141] 巩永华,李帮义.非线性需求下具有网络外部性的二级歧视定价研究
[J].中国管理科学,2010,18(1):102-106.

[142] 黄纯纯.网络产业组织理论的历史、发展和局限[J].经济研究,2011,
46(04):147-160.

[143] 蒋传海,杨万中,朱蓓.消费者寻求多样化、拥塞效应和厂商歧视定价竞
争[J].财经研究,2018,1:100-112.

[144] 蒋传海.网络效用、转移成本和竞争性价格歧视[J].经济研究,2010,
9:55-66.

[145] 蒋传海,周天一.消费者寻求多样化购买和厂商预先承诺定价[J].中国
管理科学,2017,25(3):85-92.

[146] 李克克,陈宏民.PC软件产品竞争性升级的定价研究[J].管理科学学
报,2006,9(3),11-16.

[147] 李明志,谭丝竹,刘启.视频游戏产业中垄断平台定价策略[J].清华大学
学报(自然科学版),2010,6:155-158.

[148] 李明志,谭丝竹,刘启.视频游戏产业中竞争平台定价策略[J].清华大学
学报(自然科学版),2012,6:859-863.

[149] 李伟,李敏强,陈富赞.两阶段软件发布管理中的最优质量与定价——
顾客需求不确定条件下的分析[J].中国管理科学,2015,23(02):

108-115.

[150] 刘晓峰,黄沛,杨雄峰.具有网络外部性的双寡头市场的动态定价策略[J].中国管理科学,2007,1:96-100.

[151] 刘启,李明志.非对称条件下双边市场的定价模式[J].清华大学学报(自然科学版),2009,49(06):917-919+924.

[152] 刘维奇,张苏.基于双边市场理论的平台企业互联互通问题分析[J].系统工程,2016,34(06):84-88.

[153] 吕本富.从平台经济到平台经济学[J].财经问题研究,2018,414(05):14-18+22.

[154] 吕正英,顾锋,李毅,潘见独,周洪峰,姜宁.双边规模不对称情形下平台型企业竞争策略研究[J].软科学,2016,30(07):62-69.

[155] 苗长虹.变革中的西方经济地理学:制度、文化、关系与尺度转向[J].人文地理,2004,4:68-76.

[156] 潘小军,陈宏民,侯和银.网络外部性与产品垄断定价策略研究[J].管理工程学报,2006,020(1):67-71.

[157] 齐兰,赵立昌.基于消费者异质性的产业组织理论研究新进展[J].经济学动态,2015,12:111-120.

[158] 让·梯若尔.产业组织理论[M].张维迎,译.北京:中国人民大学出版社,2015.

[159] 孙武军,陆璐.交叉网络外部性与双边市场的倾斜式定价[J].中国经济问题,2013,6:83-90.

[160] 田杰棠,刘露瑶.交易模式、权利界定与数据要素市场培育[J].改革,2020,7:17-26.

[161] 魏立佳.从微观理论到社会实践——市场设计的最新进展综述[J].世界经济文汇,2013,3:93-108.

[162] 徐晋,张祥建.平台经济学初探[J].中国工业经济,2006,5:40-47.

[163] 徐晋.平台经济学[M].上海:上海交通大学出版社,2007.

[164] 胥莉,陈宏民.具有网络外部性特征的企业定价策略研究[J].管理科学学报,2006,9(6):23-30.

[165] 杨剑侠,陈宏民,包兴.运营商利用消费者的上瘾行为定价了吗?来自中国网络游戏产业的经验证据[J].经济学(季刊),2009,8(4):1329-1382.

[166] 杨渭文,蒋传海.滞留成本、竞争性定价歧视和定价机制选择[J].财经研究,2008,34(04):50-61.

[167] 杨万中,蒋传海.信息分享、个性化定价与厂商动态竞争分析[J].产经评论,2017,8(05):20-32.

[168] 易宪容,陈颖颖,位玉双.数字经济中的几个重大理论问题的研究——

基于现代经济学的一般性分析[J].社会科学文摘,2019,9:41-43.

[169] 张晓娟,张盛浩.基于网络外部性的软件交易方式与兼容模式选择分析[J].系统工程理论与实践,2015,035(012):3047-3055.

[170] 赵昌文.高度重视平台经济健康发展[N].学习时报,2019-08-14(001).

[171] 朱彤.外部性、网络外部性与网络效应[J].经济理论与经济管理,2001,11:60-64.

[172] 阿里研究院.数字经济 2.0 报告——告别公司,拥抱平台[EB/OL].(2017-01-13). https://www.sohu.com/a/124274067_483389.

[173] 阿里研究院,德勤研究.平台经济协同治理三大议题[EB/OL]. (2017-10-11). http://www.100ec.cn/detail--6419760.html.

[174] 北京大学数字金融研究中心与蚂蚁金服研究院联合课题组.数字经济助力中国发展跨越"胡焕庸线"[EB/OL].(2019-09-20). https://baijia-hao.baidu.com/s?id=1645203239275264479&wfr=spider&for=pc.

[175] 二十国集团杭州峰会.中华人民共和国互联网信息化办公室.二十国集团数字经济发展与合作倡议[EB/OL]. (2016-09-29). http://www.cac.gov.cn/2016-09/29/c_1119648520.htm.

[176] 贵州省通信管理局.2019 年贵州省互联网发展报告[EB/OL].(2020-05-15). http://www.miit.gov.cn/n1146290/n1146402/n1146450/c7913964/content.html.

[177] 中金网.互联网公司们陷入因徒困境获客成本越来越高[EB/OL].(2019-03-28). https://www.sohu.com/a/304376706_538698.

[178] 中国信息通信研究院.互联网平台治理研究报告(2019)[EB/OL].(2019-03). http://www.caict.ac.cn/kxyj/.

[179] 中国信息通信研究院.数字经济治理白皮书(2019)[EB/OL].(2019-12). http://www.caict.ac.cn/kxyj/.

[180] 中国信息通信研究院.中国数字经济发展与就业白皮书(2019)[EB/OL].(2019-04). http://www.caict.ac.cn/kxyj/.

附　录

附录一　第四章 BBPD 且有价格承诺时部分中间变量表达式

1. 第二阶段两平台对新用户定价公式中的中间变量

$$\mu_1 = 4\alpha_1 - 8 - 8\alpha_1\alpha_2^2 - 17\alpha_1^2\alpha_2 - 9\alpha_1^3\alpha_2 + 50\alpha_1\alpha_2 + 4\alpha_1^2 - 88\alpha_1^2\alpha_2^2$$
$$+ 18\alpha_1^2\alpha_2^3 + 18\alpha_1^3\alpha_2^2 + 36\alpha_1^3\alpha_2^3$$

$$\mu_2 = 8 + 12\alpha_1 - 26\alpha_1\alpha_2 - 4\alpha_1^2 - 6\alpha_1^3 - 4\alpha_2^2 + 8\alpha_1^2\alpha_2^2 - 6\alpha_1\alpha_2^2$$
$$- 39\alpha_1^2\alpha_2 + 12\alpha_1^3\alpha_2^2$$

$$\mu_3 = 176\alpha_1^2\alpha_2^2 + 18\alpha_1^3\alpha_2 - 72\alpha_1^3\alpha_2^3 + 16 - 100\alpha_1\alpha_2 - 8\alpha_1^2$$

$$\mu_4 = 16\alpha_1\alpha_2^2 - 8\alpha_1 - 36\alpha_1^2\alpha_2^3 + 34\alpha_1^2\alpha_2 - 36\alpha_1^3\alpha_2^2$$

$$\mu_5 = 8 + 18\alpha_1\alpha_2^3 + 18\alpha_1^3\alpha_2 - 46\alpha_1\alpha_2 - 6\alpha_1^2 - 6\alpha_2^2 + 68\alpha_1^2\alpha_2^2$$

$$\mu_6 = 36\alpha_1^2\alpha_2^3 + 12\alpha_1^3\alpha_2^2 - 4\alpha_1 - 22\alpha_1\alpha_2^2 + 7\alpha_1^2\alpha_2 + 3\alpha_1^3 + 4\alpha_2$$

$$\mu_7 = 28\alpha_1\alpha_2^2 - 8\alpha_1 + 32\alpha_1^2\alpha_2 - 4\alpha_2 - 36\alpha_1^2\alpha_2^3 - 24\alpha_1^3\alpha_2^2 + 3\alpha_1^3$$

$$\mu_8 = 2\alpha_1^2 + 2\alpha_2^2 + 57\alpha_1^2\alpha_2^2 - 36\alpha_1^3\alpha_2^3 - 16\alpha_1\alpha_2$$

$$\mu_9 = 36\alpha_1^3\alpha_2^2 + 12\alpha_1^2\alpha_2^3 - 4\alpha_2 - 22\alpha_1^2\alpha_2 + 7\alpha_1\alpha_2^2 + 3\alpha_2^3 + 4\alpha_1$$

$$\mu_{10} = 3\alpha_2^3 - 4\alpha_1 - 8\alpha_2 - 24\alpha_1^2\alpha_2^3 + 32\alpha_1\alpha_2^2 + 28\alpha_1^2\alpha_2 - 36\alpha_1^3\alpha_2^2$$

$$\mu_{11} = 176\alpha_1^2\alpha_2^2 + 18\alpha_1\alpha_2^3 - 72\alpha_1^3\alpha_2^3 + 16 - 100\alpha_1\alpha_2 - 8\alpha_2^2$$

$$\mu_{12} = 16\alpha_1^2\alpha_2 - 8\alpha_2 - 36\alpha_1^3\alpha_2^2 + 34\alpha_1\alpha_2^2 - 36\alpha_1^3\alpha_2^2$$

$$\mu_{13} = 8 + 12\alpha_2 - 26\alpha_1\alpha_2 - 4\alpha_1^2 - 6\alpha_2^3 - 4\alpha_2^2 + 8\alpha_1^2\alpha_2^2 - 6\alpha_1^2\alpha_2$$
$$\qquad - 39\alpha_1\alpha_2^2 + 12\alpha_1^2\alpha_2^3$$

$$\mu_{14} = 4\alpha_2 - 8 - 8\alpha_1^2\alpha_2 - 17\alpha_1\alpha_2^2 - 9\alpha_1\alpha_2^3 + 50\alpha_1\alpha_2 + 4\alpha_2^2 - 88\alpha_1^2\alpha_2^2$$
$$\qquad + 18\alpha_1^2\alpha_2^3 + 18\alpha_1^3\alpha_2^2 + 36\alpha_1^3\alpha_2^3$$

$$\mu_{15} = 36\alpha_1^3\alpha_2^3 - 18\alpha_1^3\alpha_2 - 133\alpha_1^2\alpha_2^2 + 8\alpha_1^2 - 18\alpha_1\alpha_2^3 + 88\alpha_1\alpha_2 + 8\alpha_2^2 - 16$$

2. 机制 4.3 各表达式中的中间变量

$$\gamma_0 = 324\alpha_1^3\alpha_2^3 + 6\alpha_1^3\alpha_2 - 541\alpha_1^2\alpha_2^2 + 12\alpha_1^2 + 6\alpha_1\alpha_2^3 + 344\alpha_1\alpha_2$$
$$\qquad + 12\alpha_2^2 - 64$$

$$\gamma_1 = (54\alpha_1^3 + 24\alpha_1^2 - 3\alpha_1)\alpha_2^3 + (-9\alpha_1^3 - 93\alpha_1^2 - 51\alpha_1 + 6)\alpha_2^2 +$$
$$\qquad (6\alpha_1^2 + 42\alpha_1 + 24)\alpha_2$$

$$\gamma_2 = (54\alpha_2^3 + 24\alpha_2^2 - 3\alpha_2)\alpha_1^3 + (-9\alpha_2^3 - 93\alpha_2^2 - 51\alpha_2 + 6)\alpha_1^2$$
$$\qquad + (6\alpha_2^2 + 42\alpha_2 + 24)\alpha_1$$

$$\gamma_3 = \gamma_0(1 - \alpha_1) + (-54\alpha_1^3 + 66\alpha_1^2 - 12\alpha_1)\alpha_2^3 + (-90\alpha_1^4 - 49\alpha_1^3$$
$$\qquad + 159\alpha_1^2 - 78\alpha_1)\alpha_2^2 + (15\alpha_1^4 + 129\alpha_1^3 + 76\alpha_1^2 - 140\alpha_1 + 24)\alpha_2$$
$$\qquad + (-6\alpha_1^3 - 48\alpha_1^2 - 24\alpha_1 + 32)$$

$$\gamma_4 = \gamma_0(1 - \alpha_2) + (-54\alpha_2^3 + 66\alpha_2^2 - 12\alpha_2)\alpha_1^3 + (-90\alpha_2^4 - 49\alpha_2^3$$
$$\qquad + 159\alpha_2^2 - 78\alpha_2)\alpha_1^2 + (15\alpha_2^4 + 129\alpha_2^3 + 76\alpha_2^2 - 140\alpha_2 + 24)\alpha_1$$
$$\qquad + (-6\alpha_2^3 - 48\alpha_2^2 - 24\alpha_2 + 32)$$

$$\gamma_5 = (4\alpha_1^2 + 26\alpha_1\alpha_2 + 4\alpha_2^2 - 8\alpha_1^2\alpha_2^2 - 8)$$

$$\gamma_6 = -12\alpha_1^3\alpha_2^2 + 6\alpha_1\alpha_2^2 + 39\alpha_1^2\alpha_2 + 6\alpha_1^3 - 12\alpha_1$$

$$\gamma_7 = -12\alpha_1^2\alpha_2^3 + 6\alpha_1^2\alpha_2 + 39\alpha_1\alpha_2^2 + 6\alpha_2^3 - 12\alpha_2$$

$$\gamma_8 = 8 + 18\alpha_1\alpha_2^3 + 18\alpha_1^3\alpha_2 - 62\alpha_1\alpha_2 - 4\alpha_1^2 - 4\alpha_2^2 + 125\alpha_1^2\alpha_2^2 - 36\alpha_1^3\alpha_2^3$$

$$\gamma_9 = 36\alpha_1^3\alpha_2^3 - 18\alpha_1^3\alpha_2 - 133\alpha_1^2\alpha_2^2 + 8\alpha_1^2 - 18\alpha_1\alpha_2^3 + 88\alpha_1\alpha_2 + 8\alpha_2^2 - 16$$

附录二 第五章实验设计①

1. 背景环境

设想你经营着一家咖啡馆,位于艺术街的一端。在艺术街的另一端有另一家咖啡馆,与你竞争艺术街上的客户。顾客是艺术街各工作室中的艺术家们,他们都习惯每天到咖啡馆喝两杯咖啡,上午下午各一杯。顾客们对你和你的对手的咖啡质量与餐厅环境没有偏好,你唯一能控制的竞争手段是价格。

除了价格外,还有两个因素影响顾客选择。首先是到店距离,艺术家们倾向于尽量减少到咖啡馆来回的路程。艺术街长 100 米,100 个艺术家均匀分布在街上的工作室中,他们的位置是固定的。如果顾客到你的咖啡馆距离为 x,则到对手的咖啡馆距离为 $100-x$,例如,如果顾客到你的咖啡馆距离为 30 米,即 $x=30$,则到对手的咖啡馆距离为 $100-x=70$ 米。

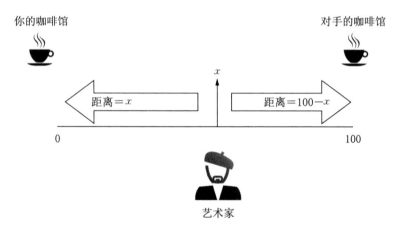

其次,艺术家们希望店里的顾客尽可能多,因为他们喜欢在喝咖啡时交流灵感。顾客对热闹的喜好程度都相同,店内顾客越多,每个顾客

---

① 以 BBPD 且有价格承诺、$\alpha=0.15$ 时为例,原本展示被试所阅读的实验说明。

的效用越高。

因此,到你的店里喝咖啡给艺术家带来的效用为:

$$U = 15 - 0.1 \times x + 0.015 \times n - P$$

其中,15 是咖啡本身的效用,$0.1 \times x$ 是顾客到您咖啡馆的时间成本,$0.015 \times n$ 是在店中交流灵感带来的效用(n 为店内顾客数量),P 是咖啡的价格。顾客总会选择光顾为其带来更高效用的咖啡馆。

可以发现,价格 P 通过两个途径影响顾客的选择:(1)直接途径:较低的价格可以通过降低开支直接提高顾客效用;(2)间接途径:较低的价格可以吸引更多的顾客,而更多的店内顾客也可以提高顾客的效用。

2. 实验决策

你将在实验中重复每天的定价决策:每天可以为上午和下午的咖啡分别定价,以便尽可能地获得更高的利润。顾客们由程序扮演,程序在得知两家咖啡馆定价的情况下能准确预测每个咖啡馆内的顾客数量,据此计算效用,并严格地选择能为其带来更高效用的那家。每天下午,当天上午曾到店消费的是老客户,上午到对手店中的是新客户,你在下午时可以对新老顾客制定不同的价格,但对老顾客的价格需在上午给出。你每天的决策流程如下:

步骤 1:早上,决定上午的咖啡价格 p_1,并承诺对下午老顾客的定价 $p_{2,o}$。相应地,对手的定价记为 p_1^R 与 $p_{2,o}^R$。

步骤 2:中午,观察到上午的到店人数 n_1 及对手价格 p_1^R 与 $p_{2,o}^R$,并决定下午新客户的咖啡价格为 $p_{2,n}$(相应地,对手对其新顾客的定价记为 $p_{2,n}^R$)。

步骤 3:傍晚,观察到下午的到店人数,下午到店的老顾客数量记为 $n_{2,o}$,到店新顾客数量记为 $n_{2,n}$,结算全天的收益。

3. 收益计算

你每天的收益即为卖出的每一杯咖啡的利润之和。每制作一杯咖

啡的成本为5,因此您每天的总利润为:

$$\pi = (p_1 - 5) \times n_1 + (p_{2,o} - 5) \times n_{2,o} + (p_{2,n} - 5) \times n_{2,n}$$

计算收益的关键在于确定到店人数。容易想到,在这样的市场中存在临界点,在临界点一侧的顾客都去同一家咖啡馆,另一侧的顾客去另一家。因此,可以通过寻找临界点确定到店人数 n。

上午,根据你与对手的定价,存在一个临界距离 A,距离你的咖啡馆小于 A 的顾客会来你的咖啡馆,为上午的咖啡支付 p_1,距离超过 A 的顾客会去另一家。即 $n_1 = A$。

下午的情况稍复杂些。根据上午的结果与下午双方对新客户的定价,顾客决定下午的去向。对于上午到你店中的顾客,他们下午面对的是你承诺老客户的 $p_{2,o}$ 与对手对新客户的报价 $p_{2,n}^R$,存在临界距离 B,距离你的咖啡馆小于 B 的顾客上下午都光临你的店,成为你的老客户,并为下午的咖啡支付 $p_{2,o}$。对于上午去对手店中的顾客,他们下午面对的是你对新客户的报价 $p_{2,n}$ 与对手承诺老客户的 $p_{2,o}^R$,存在临界距离 C,距离你的咖啡馆大于 A 而小于 C 的顾客下午光临你的店,成为你的新客户,并为下午的咖啡支付 $p_{2,n}$。请参见下图:

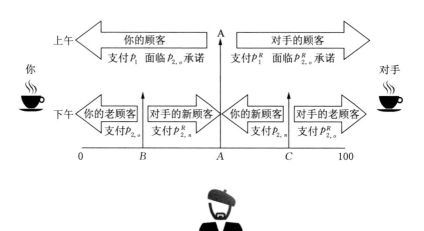

显然,价格是影响你的利润的核心变量。价格从两个方向影响利润:首先,咖啡价格越高,单杯咖啡的利润越高,这有利于提高总利润;其次,若你的价格高于对手,这会减少你的顾客量,可能减少你的总利润。

你制定的三个价格,将从多个角度影响当天的利润:

(1) 决定顾客数量的是你与对手的价格差(Δp),而非价格本身;

(2) 上午的价格差($p_1 - p_1^R$ 与 $p_{2,o} - p_{2,o}^R$)不仅影响上午的顾客数量,也通过 n_1 影响下午的顾客数量;

(3) 对老顾客的价格差 $\Delta p_{2,o}$ 对新老顾客数量都有影响,但对老顾客数量的影响更大,对新顾客的价格差 $\Delta p_{2,n}$ 亦然。

具体而言,顾客数量由以下几个公式决定:

你所能获得的顾客数量为:

$$n_1 = 50 - 6.7 \times (p_1 - p_1^R) - 3.6 \times (p_{2,o} - p_{2,o}^R)$$

注意:你上午所能获得的顾客数量受两家咖啡馆上午的定价、对老客户承诺定价的共同影响,但上午定价的影响更大些。你的价格越是低于对手的价格,你上午所能获得的顾客数量越多。

例子:假设你对上午顾客的定价为 12,对下午老顾客的承诺定价为 9;对手咖啡馆对其上午顾客的定价为 13,对其下午老顾客的承诺定价为 11,此时,你能获得的顾客数量为:

$$n_1 = 50 - 6.7 \times (12 - 13) - 3.6 \times (9 - 11) \approx 64$$

竞争对手能获得的顾客数量为 $100 - 64 = 36$。

下午,你所能获得的老客户数量为:

$$n_{2,o} = 60.7 - 0.2 \times n_1 - 6.1 \times \Delta p_{2,o} - 1.1 \times \Delta p_{2,n}$$

你能获得的新客户数量为:

$$n_{2,n} = 60.7 - 1.2 \times n_1 - 1.1 \times \Delta p_{2,o} - 6.1 \times \Delta p_{2,n}$$

其中 $\Delta p_{2,o} = p_{2,o} - p_{2,n}^R$，$\Delta p_{2,n} = p_{2,n} - p_{2,o}^R$。$n_{2,o} \in [0, n_1]$，下午老顾客的数量不会超过上午的顾客数；$n_{2,n} \in [0, 100 - n_1]$，下午新顾客的数量不会超过竞争对手的上午顾客数。双方对老客户的定价（$p_{2,o}$ 与 $p_{2,o}^R$）已在上午承诺，你在决定下午新客户的价格时可以有的放矢，争取对方的客户，对你的对手也是如此。

例子：在上述上午定价的基础上，如果你在下午对新顾客的定价为 $p_{2,n} = 8$，而你竞争对手其新顾客的定价为 $p_{2,n}^R = 10$。则在下午，你能获得的老客户数量为 $n_{2,o} = 60.7 - 0.2 \times 64 - 6.1 \times (9-10) - 1.1 \times (8-11) \approx 57$，你能获得的新客户数量为 $n_{2,n} = 60.7 - 1.2 \times 64 - 6.1 \times (8-11) - 1.1 \times (9-10) \approx 3$。

由上述计算可知：

你在上午所获得的利润为 $(p-c) \times n_1 = (12-5) \times 64 = 448$

你在下午从老客户中获得的利润为 $(p_{2,o}-5) \times n_{2,o} = (9-5) \times 57 = 228$

你在下午**从新客户中获得的利润**为 $(p_{2,n}-5) \times n_{2,n} = (8-5) \times 3 = 9$

由此，你全天获得的**总利润**为 $448 + 228 + 9 = 685$。

---

4. 实验界面

实验中的"咖啡馆竞争"将持续多天，相应地您需要进行多轮决策。你的实验报酬是你"每天"利润的总和。实验中金额都是实验点数，在实验结束后，你的实验室货币将会以 400 点＝1 元的比率换算为真实的货币。

提醒两点：(1)你每轮的对手都是不同的，在每轮实验中都会随机匹配竞争的双方；(2)实验中的"顾客"既不知道前一天的咖啡价格，也不关心两家咖啡馆后一天的价格。

以下午定价时的界面为例：

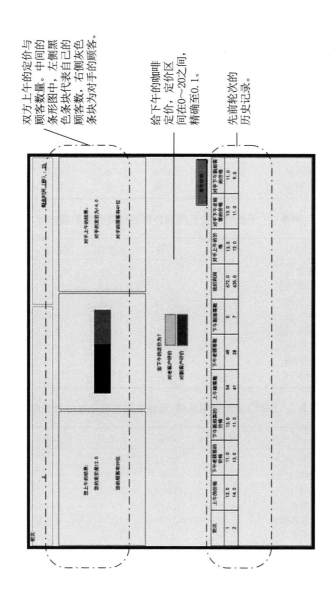

双方上午的定价与顾客数量。中间的条形图中，左侧黑色条块代表自己的顾客数，右侧灰色条块为对手的顾客。

给下午的咖啡定价，定价区间在0~20之间，精确至0.1。

先前轮次的历史记录。

附录三　第五章实验数据描述性统计

附表 1　无价格歧视且网络外部性较低时的数据描述

变　量	样本量	均值	标准差	最小值	最大值
上午定价	420	12.20	1.629	6	18
上午顾客数量	420	50	12.83	9	91
上午利润	420	346.2	76.81	86	646
下午定价	420	11.99	1.820	6	19
下午顾客数量	420	50	9.951	0	100
下午利润	420	341.2	88.93	0	728
全天利润	420	687.3	152.3	205.5	1 275
累计利润	420	3 766	2 041	444	8 361

附表 2　无价格歧视且网络外部性较高时的数据描述

变　量	样本量	均值	标准差	最小值	最大值
上午定价	420	11.30	1.646	6.500	20
上午顾客数量	420	50	17.19	0	100
上午利润	420	295.4	87.33	0	700
下午定价	420	10.91	1.690	6.200	17
下午顾客数量	420	50	11.88	0	100
下午利润	420	286.1	84.97	0	652.8
全天利润	420	581.4	156.5	36	1 140
累计利润	420	3 215	1 744	120	7 894

附表 3　BBPD 且无价格承诺、网络外部性较低时的数据描述

变　量	样本量	均值	标准差	最小值	最大值
上午定价	380	13.55	2.201	6	20
上午顾客数量	380	50	14.09	5	95
上午利润	380	405.4	93.99	75	748
下午老顾客定价	380	10.70	2.154	5	20
下午老顾客数量	380	37.89	13.03	0	76
下午新顾客定价	380	9.303	2.033	5	18
下午新顾客数量	380	12.12	14.24	0	81
下午顾客总数量	380	50.01	18.40	2	98
下午利润	380	240.9	95.92	0	596.3
全天利润	380	646.3	154.3	132.4	1 166
累计利润	380	3 490	1 931	390	7 997

附表 4　BBPD 且无价格承诺、网络外部性较高时的数据描述

变　量	样本量	均值	标准差	最小值	最大值
上午定价	380	11.27	1.826	5.900	16
上午顾客数量	380	50	20.98	0	100
上午利润	380	286.7	104.3	0	588
下午老顾客定价	380	8.466	1.623	5	14
下午老顾客数量	380	30.75	18.06	0	77
下午新顾客定价	380	7.619	1.311	4	12
下午新顾客数量	380	19.25	26.38	0	100
下午顾客总数量	380	50.00	30.79	0	100
下午利润	380	139.5	95.57	−68	468
全天利润	380	426.2	124.7	4	850
累计利润	380	2 283	1 312	4	5 585

附表 5　BBPD 且有价格承诺、网络外部性较低时的数据描述

变　量	样本量	均值	标准差	最小值	最大值
上午定价	420	11.48	1.826	8.300	20
上午顾客数量	420	50	19.89	0	100
上午利润	420	299.3	105.5	0	690
下午老顾客定价	420	8.722	1.494	5.100	16
下午老顾客数量	420	40.21	11.73	0	73
下午新顾客定价	420	8.029	1.531	0.100	20
下午新顾客数量	420	9.795	13.69	0	69
下午顾客总数量	420	50.00	8.032	25	75
下午利润	420	165.5	50.79	38	410.5
全天利润	420	464.8	111.6	102	896.5
累计利润	420	2 554	1 387	254.4	5 779

附表 6　BBPD 且有价格承诺、网络外部性较高时的数据描述

变　量	样本量	均值	标准差	最小值	最大值
上午定价	420	9.836	1.634	5	20
上午顾客数量	420	50	37.13	0	100
上午利润	420	209.4	155.9	0	650
下午老顾客定价	420	7.453	1.217	4	15
下午老顾客数量	420	17.55	17.35	0	93
下午新顾客定价	420	7.010	1.616	1	20
下午新顾客数量	420	32.45	39.32	0	100
下午顾客总数量	420	50.00	36.51	0	100
下午利润	420	99.17	90.77	−21	452
全天利润	420	308.6	129.2	−11	716.6
累计利润	420	1 756	936.4	−11	3 792

附录四　第六章实验设计①

1. 背景环境

设想你经营着一家酒吧,位于休闲街区的一端。在休闲街区的另一端有另一家酒吧,与你竞争休闲街区上的客户。客户是休闲街区上的男士、女士。每个周末,你和对手酒吧都要举行假面舞会,周五晚上一场,周六晚上一场。休闲街上的每一位男士和女士都会参加你或对手的酒吧举办的每一场假面舞会。顾客们对你和对手酒吧的酒水质量、用餐环境没有偏好,你唯一能控制的竞争手段是假面舞会入场券的价格。

除了价格外,还有两个因素影响顾客选择。第一,到酒吧的距离,无论是男士还是女士都倾向于尽量减少参加舞会来回的路程。休闲街区长100米,100个男士和100个女士均匀分布在休闲街区的各个房间中,他们的位置是固定的且彼此之间位置是独立的。如果顾客到你酒吧的距离为 x,则到对手酒吧的距离为 $100-x$。例如,如果一位男士到你酒吧的距离为 30 米,即 $x_b=30$,则他到对手酒吧的距离为 $100-x_b=70$ 米。

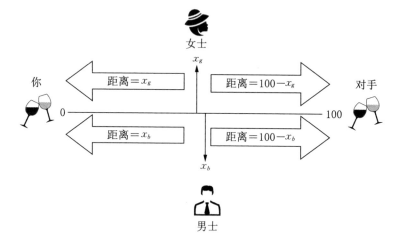

① 以 BBPD 且有价格承诺、$\alpha=0.15$ 时为例,原本展示被试所阅读的实验说明。

第二,对于双方来说,他们都希望酒吧里的异性尽可能多,且男性比女性更在意异性的数量。假设所有女士对男士的喜好程度都相同,且男士为其带来的这种满足感的表达式为 $0.01 \times n_b$,n_b 为所在酒吧男士的数量;所有男士对女士的喜好程度都相同,且女士为其带来的这种满足感的表达式为 $0.015 \times n_g$,n_g 为所在酒吧女士的数量。但女士群体内部、男士群体内部彼此没有竞争。

综合上述两点,顾客到你的酒吧参加舞会能为其带来的效用为:

$$女士:U_g = 15 + 0.01 \times n_b - 0.1 \times x_g - p_g$$

$$男士:U_b = 15 + 0.015 \times n_g - 0.1 \times x_b - p_b$$

其中,15 是参加舞会给顾客带来的效用。$0.01 \times n_b$ 是在酒吧中与男士交流为女性顾客带来的效用,$0.015 \times n_g$ 是在酒吧中与女士交流为男性顾客带来的效用。$0.1 \times x_i (i \in \{b, g\})$ 是顾客到你酒吧的时间成本。$p_g (p_b)$ 是你对女士(男士)入场券的定价。顾客总会选择光顾为其带来更高效用的酒吧。

可以发现,入场券的价格将通过两个途径影响顾客的选择:(1)直接途径:较低的入场券价格可以直接提高顾客效用,进而吸引更多顾客光临你的酒吧;(2)间接途径:较低的价格可以吸引更多的顾客,而更多异性将会给顾客带来更高的效用,进一步地吸引顾客。

2. 实验决策

你将在实验中重复每周的定价决策:可以为周五晚上、周六晚上的舞会分别定价,以便尽可能地获得更高的利润。女士和男士均由程序扮演,程序在得知两家酒吧假面舞会入场券定价的情况下能准确预测每个酒吧内的女士数量和男士数量,据此比较去两家酒吧的效用,并严格地选择能为其带来更高效用的那家。对于周六晚上到你的酒吧中参加舞会的顾客,若其周五晚上也曾到你的酒吧中则是你的老客户,若其周五晚上参加对手酒吧舞会则为你的新客户,你在周六可以对女士、男

士区分新老客户并分别定价,但对老顾客的价格需在周五给出。你的决策流程如下:

步骤1:周五,决定当晚舞会的入场券定价 p_g^1、p_b^1,并承诺对周六老客户的定价 $p_{g,o}^2$、$p_{b,o}^2$。同理,你对手周五的定价记为 $p_g^{1,R}$、$p_b^{1,R}$,对其周六老客户的承诺为 $p_{g,o}^{2,R}$、$p_{b,o}^{2,R}$。

步骤2:周六,观察到周五参加舞会的女士、男士人数分别为 n_g^1、n_b^1,及对手定价 $p_g^{1,R}$、$p_b^{1,R}$ 与承诺 $p_{g,o}^{2,R}$、$p_{b,o}^{2,R}$,并由此决定对周六新顾客的定价 $p_{g,n}^2$、$p_{b,n}^2$。相应地,对手对新顾客的定价记为 $p_{g,n}^{2,R}$、$p_{b,n}^{2,R}$。

步骤3:周六晚上观察到店参加舞会的女士和男士人数,周六老顾客记为 $n_{g,o}^2$、$n_{b,o}^2$,到店新顾客记为 $n_{g,n}^2$、$n_{b,n}^2$。结算周末两场舞会的总收益。

注:各变量上下标的含义如下,在实验说明中保持一致:

(1) 下标 g 代表女士(girl),b 代表男士(boy);

(2) 下标 o 代表老顾客(old),n 代表新顾客(new);

(3) 上标 1 代表周五(即第 1 阶段),2 代表周六(即第 2 阶段);

(4) 上标 R 代表对手(rival)。

---

3. 收益计算

你两场舞会的总收益即为对每一位顾客的利润之和,对每一位顾客你都需要付出果盘和酒水的成本为5,因此你每天的总利润为:

$$\pi = \sum (p_{i,j}^k - c) \times n_{i,j}^k$$
$$= (p_g^1 - 5) \times n_g^1 + (p_b^1 - 5) \times n_b^1 + (p_{g,o}^2 - 5) \times n_{g,o}^2 + (p_{b,o}^2 - 5)$$
$$\times n_{b,o}^2 + (p_{g,N}^2 - 5) \times n_{g,N}^2 + (p_{b,N}^2 - 5) \times n_{b,N}^2$$
$$i \in \{b, g\}, j \in \{O, N\}, k \in \{1, 2\}$$

计算收益的关键在于确定到店女士/男士的人数 n。容易想到,在这样的市场中,对于女士/男士而言,均存在一个临界点,在临界点一侧的顾客都去同一家酒吧,另一侧的顾客去另一家酒吧。因此,我们可以通过寻找临界点确定到店人数 n。

以女士为例,根据你与对手周五的定价与对周六老顾客的承诺,存在一个临界距离 A,距离你的酒吧小于 A 的女士会来你的酒吧,为周五的舞会支付 p_g^1,超过 A 的顾客会去另一家酒吧,即 $n_g^1 = A$。

周六的情况稍复杂些。根据周五的结果与双方对周六新客户的定价,每位女士决定其周六晚上的去向。对于周五到你的酒吧中的女士,她们周六在你对老客户的报价 $p_{g,o}^2$ 与对手对新客户的报价 $p_{g,n}^{2;R}$ 间选择,存在临界距离 B,距离你的酒吧小于 B 的女士周五与周六都光临你的酒吧,她们作为你的老客户,为周六的舞会支付 $p_{g,o}^2$。对于周五去对手店中的女士,她们周六在你对新客户的报价 $p_{g,n}^2$ 与对手对老客户的报价 $p_{g,o}^{2;R}$ 间选择,存在临界距离 C,距离你的酒吧大于 A 而小于 C 的顾客会光临你的酒吧,她们作为你的新客户,为周六的舞会支付 $p_{g,n}^2$。

同理对男士而言,周五时存在一个临界距离 A',周六存在临界距离 B'、C'。请参见下图:

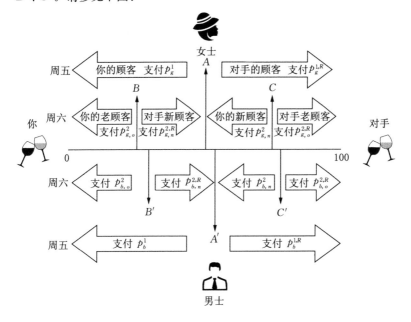

关于你的定价与顾客数量间的具体关系,由下文的公式(A-1)—(A-6)确定,这些公式表达了如下规律,请结合公式理解:

(1) 决定顾客数量的是你与对手的价格差(Δp),而非价格本身。

(2) 周五的顾客数主要受到周五价格差和本性别价格差的影响[公式(A-1)、(A-2)]:①顾客周五的到店数量既受到周五价格差的影响,也受到对老顾客承诺价差的影响,其中周五的价格差影响更大;②对于男女双方,其到店数量受到对男士价格差的影响,也受到对女士价格差的影响。当然,男士到店人数受男士价格差的影响更大,女士到店人数受女士价格差影响更大。

(3) 周六的顾客数受本性别、本类型价格差的影响最大[公式(A-3)—(A-6)]:女士的新老顾客数均受到各种价格差($\Delta p_b^{2,n}$、$\Delta p_b^{2,o}$、$\Delta p_g^{2,n}$ 与 $\Delta p_g^{2,o}$)与周五到店人数(n_b^1 和 n_g^1)的影响,但老顾客数量受女士老顾客价格差($\Delta p_g^{2,o}$)的影响更大,新顾客数量受女士新顾客价格差($\Delta p_g^{2,n}$)的影响更大[见公式(A-3)、(A-4)中相关变量的系数]。男士新老顾客的情况也如此[见公式(A-5)、(A-6)]。

(4) 横向比较周六男士与女士的到店数量,女士对价格敏感程度略低于男士,无论是新客户还是老客户的数量。以老顾客数量为例[公式(A-3)与(A-5)],男士对异性价格差的敏感度高于女性,见公式的第4项系数。新顾客的相关公式[公式(A-4)、(A-6)]的情况也是如此。

周五,你所能获得的双方顾客总量由下述公式决定:

$$
\text{女士:} n_g^1 = 50 - 5 \times (p_g^1 - p_g^{1,R}) - 3 \times (p_{g,o}^2 - p_{g,o}^{2,R})
$$
$$
- (p_b^1 - p_b^{1,R}) - (p_{b,o}^2 - p_{b,o}^2) \tag{A-1}
$$

$$
\text{男士:} n_b^1 = 50 - (p_g^1 - p_g^{1,R}) - (p_{g,o}^2 - p_{g,o}^2)
$$
$$
- 5 \times (p_b^1 - p_b^{1,R}) - 3 \times (p_{b,o}^2 - p_{b,o}^{2,R}) \tag{A-2}
$$

周六,你能获得的双方顾客数量由下述公式决定:

对于女士,你能获得的老客户数量为:

$$n_{g,o}^2 = 57 - 0.1 \times \Delta p_g^{2,n} - 5.1 \times \Delta p_g^{2,o} - 0.6 \times (\Delta p_b^{2,n} + \Delta p_b^{2,o})$$
$$-0.03 \times n_g^1 - 0.11 \times n_b^1 \tag{A-3}$$

新客户数量为:

$$n_{g,n}^2 = 57 - 5.1 \times \Delta p_g^{2,n} - 0.1 \times \Delta p_g^{2,o} - 0.6 \times (\Delta p_b^{2,n} + \Delta p_b^{2,o})$$
$$-1.03 \times n_g^1 - 0.11 \times n_b^1 \tag{A-4}$$

对于男士,你能获得的老客户数量为:

$$n_{b,o}^2 = 60 - 0.2 \times \Delta p_b^{2,n} - 5.2 \times \Delta p_b^{2,o} - 0.8 \times (\Delta p_g^{2,n} + \Delta p_g^{2,o})$$
$$-0.03 \times n_b^1 - 0.16 \times n_g^1 \tag{A-5}$$

新客户数量为:

$$n_{b,n}^2 = 60 - 5.2 \times \Delta p_b^{2,n} - 0.2 \times \Delta p_b^{2,o} - 0.8 \times (\Delta p_g^{2,n} + \Delta p_g^{2,o})$$
$$-1.03 \times n_b^1 - 0.16 \times n_g^1 \tag{A-6}$$

其中,$\Delta p_g^{2,o} = p_{g,o}^2 - p_{g,n}^{2,R}$,$\Delta p_g^{2,n} = p_{g,n}^2 - p_{g,o}^{2,R}$,$\Delta p_b^{2,o} = p_{b,o}^2 - p_{b,n}^{2,R}$,$\Delta p_b^{2,n} = p_{b,n}^2 - p_{b,o}^{2,R}$。

注意:$n_{g,o}^2 \in [0, n_g^1]$,$n_{b,o}^2 \in [0, n_b^1]$,即无论是对女士还是男士,你周六获得的老顾客数量不会超过周五的顾客数量;$n_{g,n}^2 \in [0, 100 - n_g^1]$,$n_{b,n}^2 \in [0, 100 - n_b^1]$,即无论是对女士还是男士,你周六获得的新顾客数量不会超过竞争对手周五所获得的顾客数量。

由于你对老客户的入场券定价($p_{g,o}^2$、$p_{b,o}^2$)在周五上午已经给出承诺,你在决定周六晚上舞会入场券定价时可以有的放矢,争取更多的新客户。

显然,价格是影响你利润的核心变量。价格从两个方面影响利润:首先,入场券价格越高,单个顾客的利润越高,这有利于提高总利润;其次,若你的价格高于对手,这会减少你的顾客量,这可能减少你的总利润。因此你需要进行权衡。

结合以上说明,对于你和对手酒吧周五、周六的定价,如果按照如下基准方案:

	你			对手	
周五	当天女士顾客	15	13	当天女士顾客	周五
	对周六女士老顾客承诺定价	13	12	对周六女士老顾客承诺定价	
	当天男士顾客	13	12	当天男士顾客	
	对周六男士老顾客承诺定价	11	10	对周六男士老顾客承诺定价	
周六	女士新顾客	11	10	女士新顾客	周六
	男士新顾客	9	8	男士新顾客	

按照上述公式(A-1)—(A-6),市场结果为:

	周五		周六		
	价格差	客户数量	价格差	老客户量	新客户量
女士	$\Delta p_g = p_g^1 - p_g^{1,R} = 2$ $p_{g,o}^2 - p_{g,o}^{2,R} = 1$	35	$\Delta p_{g,o}^2 = p_{g,o}^2 - p_{g,n}^{2,R} = 3$ $\Delta p_{g,n}^2 = p_{g,n}^2 - p_{g,o}^{2,R} = -1$	35	20
男士	$\Delta p_b = p_b^1 - p_b^{1,R} = 1$ $p_{b,o}^2 - p_{b,o}^{2,R} = 1$	39	$\Delta p_{b,o}^2 = p_{b,o}^2 - p_{b,n}^{2,R} = 3$ $\Delta p_{b,n}^2 = p_{b,n}^2 - p_{b,o}^{2,R} = -1$	36	17

情形 1 若在周五时,你对当天男士顾客降价1(降为12),其他定价不变,则上述市场结果变为:

	周五		周六		
	价格差	客户数量	价格差	老客户量	新客户量
女士	$\Delta p_g = p_g^1 - p_g^{1,R} = 2$ $p_{g,o}^2 - p_{g,o}^{2,R} = 1$	36	$\Delta p_{g,o}^2 = p_{g,o}^2 - p_{g,n}^{2,R} = 3$ $\Delta p_{g,n}^2 = p_{g,n}^2 - p_{g,o}^{2,R} = -1$	35	19
男士	$\Delta p_b = p_b^1 - p_b^{1,R} = 0$ $p_{b,o}^2 - p_{b,o}^{2,R} = 1$	44	$\Delta p_{b,o}^2 = p_{b,o}^2 - p_{b,n}^{2,R} = 3$ $\Delta p_{b,n}^2 = p_{b,n}^2 - p_{b,o}^{2,R} = -1$	36	12

对比基准定价方案发现:此时,(1)当天获得男士顾客数量明显增加;(2)周五男士顾客数量的增加导致周六能获得的男士新顾客数量减少;(3)男士顾客数量的增加间接导致当天女士顾客数量增加;(4)周五女士顾客数量的增加导致周六获得女士新顾客数量减少。当在周五对女士降价时,也将出现类似结果。

情形 2 若在周六时,你对女士新顾客降价1(降为10),其他定价不变:

	周五		周六		
	价格差	客户数量	价格差	老客户量	新客户量
女士	$\Delta p_g = p_g^1 - p_g^{1,R} = 2$ $p_{g,o}^2 - p_{g,o}^{2,R} = 1$	35	$\Delta p_g^{2,o} = p_{g,o}^2 - p_{g,o}^{2,R} = 3$ $\Delta p_g^{2,n} = p_{g,n}^2 - p_{g,o}^{2,R} = -2$	35	26
男士	$\Delta p_b = p_b^1 - p_b^{1,R} = 1$ $p_{b,o}^2 - p_{b,o}^{2,R} = 1$	39	$\Delta p_b^{2,o} = p_{b,o}^2 - p_{b,n}^{2,R} = 3$ $\Delta p_b^{2,n} = p_{b,n}^2 - p_{b,o}^{2,R} = -1$	37	18

对比基准定价方案发现:此时,(1)你在周六获得女士新顾客数量明显增加;(2)周六获得女士顾客数量的增加也间接导致男士顾客数量少量增加。

情形 3 若在周六时,你对男士新顾客降价1(降为8),其他定价不变:

	周五		周六		
	价格差	客户数量	价格差	老客户量	新客户量
女士	$\Delta p_g = p_g^1 - p_g^{1,R} = 2$ $p_{g,o}^2 - p_{g,o}^{2,R} = 1$	35	$\Delta p_g^{2,o} = p_{g,o}^2 - p_{g,n}^{2,R} = 3$ $\Delta p_g^{2,n} = p_{g,n}^2 - p_{g,o}^{2,R} = -1$	36	21
男士	$\Delta p_b = p_b^1 - p_b^{1,R} = 1$ $p_{b,o}^2 - p_{b,o}^{2,R} = 1$	39	$\Delta p_b^{2,o} = p_{b,o}^2 - p_{b,n}^{2,R} = 3$ $\Delta p_b^{2,n} = p_{b,n}^2 - p_{b,o}^{2,R} = -2$	36	22

此时,对比基准定价方案发现:(1)导致你在周六获得男士新顾客数量明显增加;(2)男士顾客数量的增加间接导致当天女士新老顾客数量增加;(3)由于女士对异性的喜好程度较低,因此当天女士新老顾客数量增加较少。

比较情形 2 与情形 3 的结果可以发现,对不同性别的顾客同幅度降价,对顾客数量的影响是不同的。

实验中的"酒吧竞争"将持续多周,相应地你需要进行多轮决策。每轮实验结束后,你的实验界面将会被更新,补充你在上一轮实验中的价格、周五的顾客数量、周六新老客户数量、你的利润。实验中你每轮的利润是你两场假面舞会所获利润的总和。所有的货币金额都是实验室币(ECU),在实验结束后,你的实验室币将会以 300ECU=1 元的比率换算为真实的货币。

在每轮实验中顾客都是全新的,因此他们不知道前一周的舞会入场券价格,也不关心两家酒吧以后将会定什么样的价格。

在每轮实验中都进行随机匹配,因此你每轮的对手都是不同的。

4. 实验界面：以周六时的决策界面为例

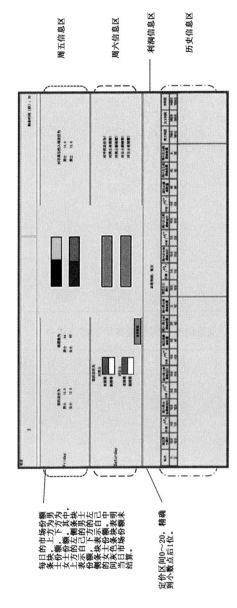

周五信息区
周六信息区
利润信息区
历史信息区

说明：

(1) 定价的取值范围在 0～20 之间，精确到小数点后 1 位。请记你的成本为 5。

(2) 每日信息区分为自己的信息，左侧为自己的信息，右侧为对手的信息，中间是市场份额的条块图。其中，上方的条块图为男士顾客份额，下方的条块图为女士顾客。

(3) 条块图的区分：周五，上方左侧条块为自己的男士顾客，右侧条块为对手的男士顾客；下方左侧条块为自己的女士顾客，右侧条块为对手的女士顾客。周六，双方老顾客的条块展示。周六，双方在不同性别顾客处表得的利润都会展示。

(4) 利润信息：在每日结算时显示。

(5) 历史信息：历史信息中将直接展示自己的各项定价，对手的各项定价以价差（$\triangle p$）的形式表现。

附录五　第六章实验数据描述性统计

附表 7　无价格歧视且网络外部性较低时的数据描述

变　量	样本量	均值	标准差	最小值	最大值
周五对男士定价	440	13.59	1.857	8	20
周五男士数量	440	50.02	13.49	1	99
周五对女士定价	440	11.45	1.813	5	20
周五女士数量	440	50.11	12.34	0	100
周五利润	440	722.2	153.0	152.2	1 371
周六对男士定价	440	12.58	1.907	8	20
周六男士数量	440	50.01	10.34	0	100
周六对女士定价	440	10.45	1.823	6	18
周六女士数量	440	50.11	8.574	0	100
周六利润	440	635.6	156.7	0	1 326
两天利润	440	1 358	283.0	312.9	2 608
来自男士的利润	440	782.5	166.7	87.20	1 516
来自女士的利润	440	575.3	154.4	80	1 092

附表 8　无价格歧视且网络外部性较高时的数据描述

变　量	样本量	均值	标准差	最小值	最大值
周五对男士定价	440	13.79	1.546	9.900	20
周五男士数量	440	50.02	12.70	14	86
周五对女士定价	440	10.12	1.592	5	19
周五女士数量	440	50.09	10.79	18	82
周五利润	440	672.1	127.7	285	1 547
周六对男士定价	440	12.91	1.573	8	20
周六男士数量	440	50.02	10.29	0	100
周六对女士定价	440	9.098	1.308	5.500	15
周六女士数量	440	50.08	7.606	16	84
周六利润	440	586.3	110.2	160	1 124
两天利润	440	1 258	204.8	681	2 255
来自男士的利润	440	813.1	134.9	457.7	1 390
来自女士的利润	440	445.3	107.8	36	973

附表 9　BBPD 且无价格承诺、网络外部性较低时的数据描述

变　量	样本量	均值	标准差	最小值	最大值
周五对男士定价	400	14.08	1.869	1	20
周五男士数量	400	50.01	12.29	0	100
周五对女士定价	400	13.22	2.003	6	20
周五女士数量	400	50	12.25	0	100
周五利润	400	830.3	142.7	205	1 432
周六对男士老顾客定价	400	11.87	1.928	7	18
周六男士老顾客数量	400	42.55	10.47	0	80
周六对男士新顾客定价	400	11.23	1.676	5	17
周六男士新顾客数量	400	8.057	10.54	0	88
周六男士数量	400	50.60	12.75	10	92
周六对女士老顾客定价	400	11.11	1.749	6	17
周六女士老顾客数量	400	42.46	9.580	0	71
周六对女士新顾客定价	400	10.44	1.497	5	16
周六女士新顾客数量	400	7.537	9.749	0	51
周六女士数量	400	50	10.65	8	92
周六利润	400	615.2	157.4	132	1 091
两天利润	400	1 445	250.7	407	2 139
来自男士的利润	400	764.4	153.4	−270	1 217
来自女士的利润	400	681.0	134.2	153	1 138

附表 10　BBPD 且无价格承诺、网络外部性较高时的数据描述

变　量	样本量	均值	标准差	最小值	最大值
周五对男士定价	400	14.20	1.980	9	20
周五男士数量	400	50.02	14.00	5	95
周五对女士定价	400	12.19	2.135	7	20
周五女士数量	400	50.02	13.61	8	92
周五利润	400	779.5	160.4	240	1 556
周六对男士老顾客定价	400	12.09	1.951	7.700	20
周六男士老顾客数量	400	39.57	13.08	0	85
周六对男士新顾客定价	400	11.17	1.741	6	20
周六男士新顾客数量	400	11.58	15.18	0	80
周六男士数量	400	51.15	19.19	0	100
周六对女士老顾客定价	400	10.49	1.840	6.500	20
周六女士老顾客数量	400	40.92	10.89	0	88
周六对女士新顾客定价	400	9.623	1.473	4.400	16
周六女士新顾客数量	400	9.070	12.31	0	69
周六女士数量	400	49.99	13.99	0	100
周六利润	400	578.3	184.6	0	1 256
两天利润	400	1 358	251.1	321	2 414
来自男士的利润	400	770.5	161.2	165	1 470
来自女士的利润	400	587.3	126.2	156	1 007

附表 11　BBPD 且有价格承诺、网络外部性较低时的数据描述

变　量	样本量	均值	标准差	最小值	最大值
周五对男士定价	420	11.89	1.864	5	20
周五男士数量	420	50.06	20.26	0	100
周五对女士定价	420	11.50	1.840	5	19
周五女士数量	420	50.06	18.47	0	100
周五利润	420	628.7	232.1	0	1 673
周六对男士老顾客定价	420	10.16	1.933	5	20
周六男士老顾客数量	420	40.10	12.45	0	84
周六对男士新顾客定价	420	9.075	2.145	5	20
周六男士新顾客数量	420	10.51	13.04	0	62
周六男士数量	420	50.61	9.112	17	84
周六对女士老顾客定价	420	9.721	1.734	5	18
周六女士老顾客数量	420	40.94	11.27	0	84
周六对女士新顾客定价	420	8.748	1.988	5	20
周六女士新顾客数量	420	9.040	11.86	0	60
周六女士数量	420	49.98	8.027	16	84
周六利润	420	442.3	151.0	0	1 078
两天利润	420	1 071	315.8	0	2 578
来自男士的利润	420	551.5	170.9	0	1 388
来自女士的利润	420	519.4	161.8	0	1 315

附表 12　BBPD 且有价格承诺、网络外部性较高时的数据描述

变　量	样本量	均值	标准差	最小值	最大值
周五对男士定价	400	12.44	1.882	6	20
周五男士数量	400	50.04	23.46	0	100
周五对女士定价	400	11.24	1.904	6	20
周五女士数量	400	50.03	22.91	0	100
周五利润	400	630.4	276.4	0	1 800
周六对男士老顾客定价	400	10.86	1.860	7	20
周六男士老顾客数量	400	36.27	13.51	0	73
周六对男士新顾客定价	400	9.481	1.670	5	16
周六男士新顾客数量	400	14.87	19.57	0	100
周六男士数量	400	51.15	14.02	0	100
周六对女士老顾客定价	400	9.778	1.785	6	20
周六女士老顾客数量	400	37.77	13.05	0	84
周六对女士新顾客定价	400	8.482	1.543	4	15
周六女士新顾客数量	400	12.22	16.40	0	86
周六女士数量	400	49.98	10.05	13	87
周六利润	400	459.1	145.2	−81	885
两天利润	400	1 090	303.1	−72	2 254
来自男士的利润	400	601.5	167.4	0	1 176
来自女士的利润	400	488.0	158.3	−72	1 280

图书在版编目(CIP)数据

平台企业基于购买行为的价格歧视:理论与实验/赵传羽
刘中全著.—上海:上海三联书店,2023.8
ISBN 978 - 7 - 5426 - 8104 - 1

Ⅰ.①平…　Ⅱ.①赵…　②刘…　Ⅲ.①企业-价格策略-研究
Ⅳ.①F272

中国国家版本馆 CIP 数据核字(2023)第 074365 号

平台企业基于购买行为的价格歧视
理论与实验

著　　者 / 赵传羽　刘中全

责任编辑 / 李　英
装帧设计 / 0214_Studio
监　　制 / 姚　军
责任校对 / 王凌霄

出版发行 / 上海三联書店
　　　　　(200030)中国上海市漕溪北路 331 号 A 座 6 楼
邮　　箱 / sdxsanlian@sina.com
邮购电话 / 021 - 22895540
印　　刷 / 上海惠敦印务科技有限公司

版　　次 / 2023 年 8 月第 1 版
印　　次 / 2023 年 8 月第 1 次印刷
开　　本 / 640 mm×960 mm　1/16
字　　数 / 200 千字
印　　张 / 13.25
书　　号 / ISBN 978 - 7 - 5426 - 8104 - 1/F·890
定　　价 / 58.00 元

敬启读者,如发现本书有印装质量问题,请与印刷厂联系 021 - 63779028